尾張なごや傑物伝

宗春がいた、朝日文左衛門がいた

読売新聞中部支社専門委員
千田龍彦 著

風媒社

はじめに

名古屋城内で、甲冑姿で武将ダンスを披露する「名古屋おもてなし武将隊」の人気が衰えない。華やかで勇壮な振る舞いに、若い女性たちが歓声を上げる。戦国が終わりを告げようとしていた慶長十五年（一六一〇年）、名古屋城の築城と城下町づくりの工事が始まった。それから四百年、二〇一〇年の「名古屋開府四百年」を盛り上げるのが、武将隊の結成理由だった。人気は期待をはるかに上回り、ビールのテレビＣＭにまで登場した。「四百年」が幕を閉じ、年が改まっても存続されることになり、歌手デビューも果たしている。仕掛けた名古屋市の担当者はほおが緩みっぱなしのことだろう。

しかし、武将たちの顔ぶれを見て、あらためて「歴史豊かな名古屋」の抱える矛盾を痛感した。イケメンの若者たちが扮するのは、織田信長、豊臣秀吉、徳川家康、加藤清正、前田利家、前田慶次の六人。いずれも名古屋とは深いかかわりがあるが、完成した名古屋城を見たのは家康だけだ。名古屋城の石垣を造った清正も、天守閣の完成を見ることなく上方に戻り、家康と豊臣秀頼の対面実現に心を砕いて、慶長十六年（一六一一年）に病死した。「名古屋開府四百年」に相応しい歴史上の人物はほかにいなかったのだろうか。

毎年十月、市内を武者行列が練る名古屋まつりも、中心は信長、秀吉、家康の三英傑。天下人の勢ぞろいは、この地が戦国から天下統一へと転換する時代の中心だったことを誇らしく強調している。しかし、三英傑の時代が輝くあまり、その後の江戸時代、名古屋で、尾張藩で、何が起こったのか、どんな人物が登場し、活躍したのかという視点が欠落してこなかっただろうか。

ＮＨＫの大河ドラマは二〇一一年の「江〜姫たちの戦国〜」で五十本目。その二割以上の十三本に三英傑が登場しているのに、三英傑の時代以外で、この地が大きく取り上げられたことがない。名古屋の江戸時代は、いわば歴史ドラマの「空白期」となっている。

さて、読売新聞中部支社の地域版で「名古屋開府四百年」シリーズの第一部「花の清洲」連載が始まったのは二〇〇八年四月だった。二年後の「四百年」に向け、名古屋にちなんだ歴史を発掘するのが企画の狙いだった。以後、第二部「木曽ヒノキ物語」、第三部「御畳奉行と歩く」、第四部「美はよみがえる」と続き、二〇一〇年十二月、第五部「享保のマニフェスト」で終了した。

第一部の主人公は信長だが、二部以降は江戸時代の名古屋城下や尾張藩へと視野を広げ、題材を探した。そこで出会ったのが、御畳奉行こと朝日文左衛門や、牛に乗った殿様の徳川宗春だった。ヒーローとは言えないまでも、「空白期」を彩る魅力にあふれている。時代が生んだ傑物たちだ。

第三代将軍徳川家光が上洛の途上に泊まった名古屋城本丸御殿のふすまには、中国の皇帝にまつわる六つの故事を題材にした障壁画が描かれている。そのひとつに讒言《ざんげん》によって謀反を疑われた忠臣が登場する。その忠臣こそ、家光を迎えた初代尾張藩主徳川義直その人だった。絵が醸し出す家光と義直の緊迫のドラマ。幕末に倒幕へと踏み出す尾張藩の多難な歴史の始まりでもあったことを思い浮かべれば、「空白」どころか多彩な光を放っている。

本書は新聞連載をベースに加筆したり、書き直したりしたものだ。順番も連載とは入れ替えている。年齢や役職は特に触れない限り、新聞掲載時のままとした。

名古屋を中心とするこの地域の江戸時代に関心が深まり、歴史に学び、歴史を楽しんでもらう一助になればと願っている。

◉目次◉

第2章　御畳奉行と歩く　71

第3章　木曽ヒノキ物語　115

もうひとつの「本物」

第5章　花の清須　193

【コラム】

尾張徳川家と連枝家系図

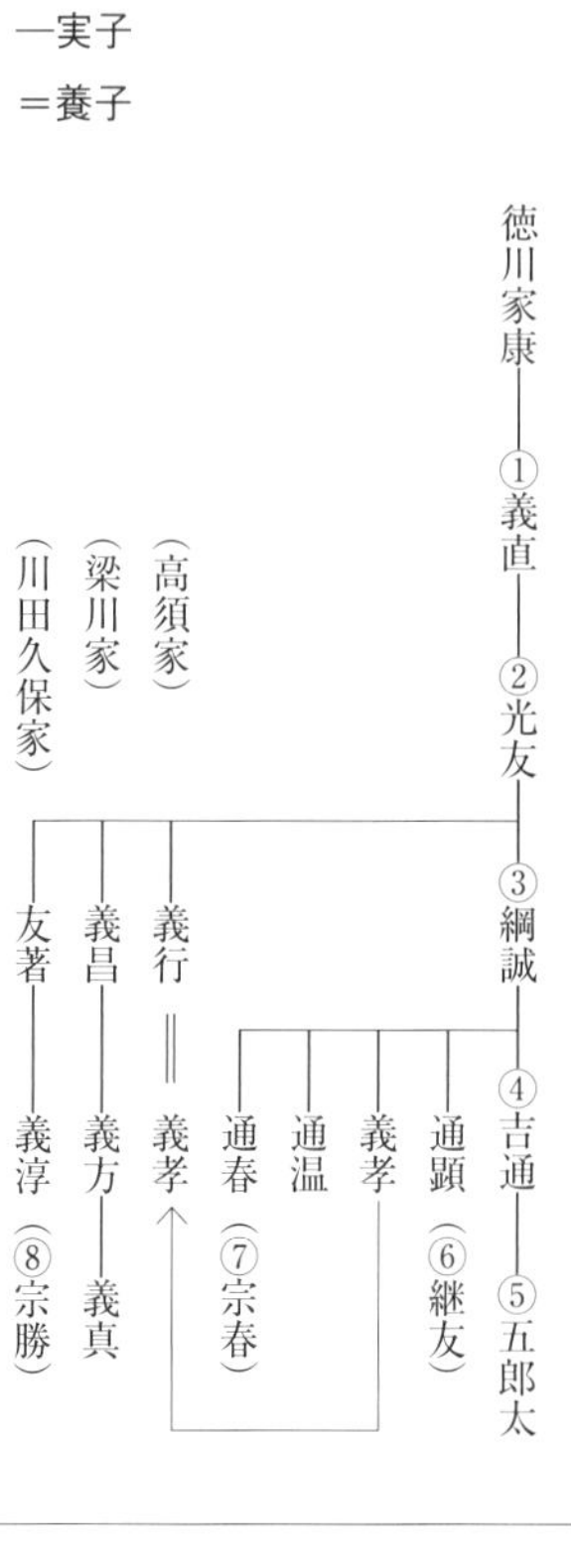

第1章　享保のマニフェスト

江戸時代、全国に約三百の藩があった。各藩とも十五代目で明治維新を迎えたとすると、総勢四千五百人もの殿様がいたことになる。しかし、牛の背に乗って市中を練り歩いたり、マニフェストを掲げて自分の目指す政治を示したりと、尾張藩第七代藩主の徳川宗春ほどユニークな殿様はいなかった。しかも、彼が対峙したのは、享保の改革を進め、幕府中興の祖とされる第八代将軍徳川吉宗である。マニフェストは腰折れし、許された治世も短かった。名君か迷君か、評価は分かれている。それでもなお、宗春の生き様は、私たちに光芒を放っている。

1　宗春の墓

「宗春さんが悲しんでいる」

「一億円もらっても無理ですよ」

名古屋市中区錦の老舗すし店「喜多八」の女将、舟橋幸江さん（六三）は、店や会合で相手が石材業者と聞くと、必ず一枚の写真をハンドバッグから取り出して修復を頼みこみ、そのたびに断られた。

写真に写っているのは、同市千種区の平和公園にある第七代尾張藩主徳川宗春の墓だった。

舟橋さんが初めて宗春の墓を訪れたのは二〇〇六年四月だった。同月末には錦地区の飲食店が中心となって新たな祭りを開催する準備を進めていた。「名古屋を日本一元気な町にした」と言われる宗春にあやかって「宗春道中」を実施する計画だった。

「事前に、宗春さんにも報告しておこう」

舟橋さんは気軽に墓参を決めたものの、百四十七ヘクタールと広大な丘陵に約十九万基の墓石が立ち並ぶ平和公園のどこに宗春の墓があるかわからない。ようやく探し当てると、高さ三メートル以上もある墓碑は周囲の墓に囲まれて窮屈そうで、しかも向かって右側上部の縁が大きくえぐれていた。

「驚きました。太平洋戦争の末期に、米軍機の空襲で焼夷弾が直撃した跡だったんです」

宗春の墓は、元は同市東区にある尾張徳川家の菩提寺、建中寺の境内にあった。第二代の光友以降の藩主たちの墓とともに整然と区画された中に立っていた。焼夷弾を被弾したのは宗春の墓だけだったという。戦後、市内の墓地を平和公園に集中させる都市計画の一環で、歴代藩主では宗春の墓だけが同公園に移された。

以来、焼夷弾の傷痕とともに新たな墓園で時を重ねた。舟橋さんは、そのまま放置しておいたら、ひび割れが進むのではないかと心配になった。いや、もっと素朴な感情が胸に浮かんだ。

「宗春さんが悲しんでいる」

何としても修復しようと決めた。

開府四百年に修復

欠けた部分を石で埋めることができたらと考えた。しかし、風雨に洗われた部分と同じ色、材質で仕上げなくては、修復跡が目立ち、よけいにみすぼらしくなってしまう。技術的に難しかったため、「引き受けよう」という石材業者は出てこなかった。それでも舟橋さんはあきらめなかった。

墓参からちょうど四年目の二〇一〇年四月、会合で同席した同市中区橘の左官業、藤沢豊治さん（七八）に、ひょんなことから写真を見せると、「やってみましょう」と言ってくれた。左官らしく、石そのものではなく、石の粉を塗り込める手法を使えばなんとかなるというのだ。

　この年は徳川家康が名古屋城と名古屋の町づくりに着手した慶長十五年（一六一〇年）から四百周年にあたり、市内では「名古屋開府四百年」の記念イベントが相次いでいた。舟橋さんの願いも、四百年の歴史に思いをはせる多くの市民の共感を呼んだ。修復事業をバックアップする「宗春ロマン隊」が有志で結成された。尾張徳川家の許しを得て、五月に石の粉に樹脂を混ぜて欠損部分を埋める工事が始まった。

墓碑の修復が完成し、「宗春ロマン隊」の発起人たちと記念写真におさまる舟橋幸江さん（前列左から3人目）

　完成式は七月八日。修復されたうえ、長年の汚れも洗い落とされた宗春の墓は、厳かな表情を湛えていた。建中寺の村上真瑞住職（五三）の読経が平和公園に流れ、舟橋さんもロマン隊の仲間たちとともに晴れやかな表情で墓碑を仰いだ。

　宗春の墓が、このような平穏に包まれたのは、約二百五十年前の建立以来、初めてだったかもしれない。

宗春は享保十五年（一七三〇年）、急死した兄の後を継ぎ、三十五歳で第七代尾張藩主となった人物だ。舟橋さんが「名古屋を日本一元気な町にしてくれた」と慕うように、お祭りや芝居を盛んにして庶民の心を解放し、かつてないにぎわいを名古屋の町にもたらした。しかし、在位わずか九年で、突如、第八代将軍の徳川吉宗に蟄居謹慎を命じられ、六十九歳で死去するまで、名古屋城下で幽閉された。しかも、死後、長期にわたって、その墓には金網までかぶせられていたのだ。

金網かぶせた墓

元文四年（一七三九年）に宗春を蟄居謹慎とした吉宗は、テレビドラマでは常に「天下の名将軍」という役回りだ。ならば宗春は敵役、「悪大名」だったことになる。

宗春がなぜ吉宗と対立したのかについては後述するとして、宗春を藩主の座から引きずり下ろした後も、幕府の制裁は徹底しており、明和元年（一七六四年）に亡くなるまでの二十五年間、名古屋城下に宗春を幽閉し、死後も罪を許すことはなかった。

『新修名古屋市史』（第三巻）はその異常ぶりをこう記す。

〈死後も宗春の墓には金網がかけられ、幕府の謹慎処分が解かれたのは、死後七十五年を経た天保十年（一八三九年）のことであった〉

結局、生前と死後を通じて百年間も罪人とされていたことになる。一方で、天保十年には謹慎処分が解かれるとともに、従二位権大納言の官位が追贈され、宗春の名誉は回復された。

尾張徳川家が設立し、国宝や重要文化財を含む大名道具や美術品を収蔵・展示する徳川美術館（名古屋市東区）の小池富雄・企画情報部長（五七）は、「当然、この時点で金網が外されたでしょう」と指摘する。確かに名誉回復とともに金網も外されたと考えるのが合理的で、小池部長と同じような見解をとる研究者は多い。

しかも、宗春に贈られた「従二位権大納言」は大名では最高の官位だ。尾張藩でも初代義直、二代光友に贈られて以来で、まさに幕府としては最大限の配慮をしたことになる。

この時、宗春の墓碑の文字が削られ、新たな官位と戒名で彫り直された。

「贈亜相二品章善院殿厚譽孚式源逞大居士尊儀」

今、私たちが見る宗春の墓碑銘である。彫り直し作業のために、当然、金網も外されたことだろう。にもかかわらず、再び金網がかぶせられたという説もまた根強い。

『新修名古屋市史』もいつ金網が外されたか、時期の断定を巧妙に避けている。そのためだろうか。宗春の墓から金網が外された時期については、幕末説から昭和説までと幅広い。

江戸時代の建中寺の敷地は現在の五倍強、約十六ヘクタールと広大で、歴代藩主の墓はその一番奥にあった。檀家は尾張徳川家のみ。部外者の出入りが少なく、あまり人目にふれなかったことが、確固とした正解の出ない理由かもしれない。

貴重な目撃証言が、国文学者で元愛知県立大教授の故・市橋鐸の随筆集『傘寿』に記されている。建中寺の近くに下宿し、明倫中学（現・県立明和高校）に通学した市橋は、明治末年、同寺の僧と仲良くなり、藩主たちの墓が並ぶ奥まで入って芝生の上で昼寝をするのが楽しみだった。そこで〈金網の冠っている墓〉を見ており、〈後年、これが宗春卿のだと悟った〉というのだ。

同寺の村上住職も証言する。

「寺ゆかりの年配の人から、明治以降も金網がかかっていたと聞いたことがあります」

これらの目撃や証言によれば、宗春の名誉が回復された後でさえ、その墓には金網が残っていたことになる。なぜだろうか。

宗春の治世を高く評価し、「墓に金網がかぶせられた証拠はない」とまで言う安田文吉・南山大教授（六四）が、「仮にあったとして」の前提で展開する推測はこうだ。

「宗春の制裁のためというよりも、たたりをおそれ、宗春の霊を閉じこめるための金網だったのだろう」

宗春断罪に行き過ぎがあったのなら、恐れおののくのは幕府側となるからだ。過剰と思えるほどの名誉回復の背景にも、霊を慰撫する目的があったのかもしれない。

江戸時代、たたり封じは特別なことではなかった。天保九年（一八三八年）に江戸城西の丸が焼失し、その再建のため、幕府が裏木曽（岐阜県中津川市加子母）の「神の山」から、地元の反発を無視してヒノキの大木を大量に切り出したところ、江戸城内で不審火が相次ぎ、「山の神のたたり」とのうわさが広まった。幕府はたたり封じのため、尾張藩に命じて地元に護山《もりやま》神社を造らせている。宗春の名誉回復の翌年のことだ。

宗春と同じころ、やはり墓に金網をかけられた殿様がいた。姫路城主の榊原政岑《まさみね》は、吉原の遊女を二千五百両で身請けするなど、ことごとく吉宗の倹約令に反発してその怒りを買い、ついに寛保元年（一七四一年）、強制隠居のうえ越後高田へ転封された。

その墓は、新潟県上越市の上杉謙信ゆかりの林泉寺にある。同寺の笹川元祥住職が政岑の墓にまつわる思い出を語ってくれた。

「明治になっても政岑公の墓の金網は外されず、さびて自然に朽ち落ちました。九十三歳になる母が若い頃、墓前の草取りをすると、散乱した金網片が手に刺さったそうです」

名誉が回復された宗春は政岑よりは幸せだったようだが、その墓の金網はいつ、誰が外したのか。謎は残されたままである。

棺の中の威厳

「地中の石室のふたをはがすと、棺の中に座ったままの姿の宗春公がいました。みな驚きの声

2001年、旧建中寺境内の市営住宅建設現場で、11代藩主・徳川斉温（なりはる）の堅固な石室が発掘された（名古屋市見晴台考古資料館提供）

を上げました」

　愛知県一宮市、照光寺住職の山口俊廣さん（七六）は五十八年前、建中寺で修行中に遭遇した歴代藩主改葬の様子を、今もはっきりと覚えている。

　名古屋市は戦後、戦災復興のため大規模な区画整理事業に着手。中、東、熱田区内の約三百か寺の墓地を千種区の丘陵地に広がる平和公園に集めた。第二代光友から第十三代慶臧《よしつぐ》までの藩主やその妻、子供たち三十八人の墓があった建中寺も例外ではなかった。

　市の計画を受けて、尾張徳川家は建中寺に埋葬された祖先の亡きがらを改めて火葬し、遺灰を初代藩主義直が眠る同県瀬戸市の定光寺に埋葬することにし、一九五二年十月から十二月にかけて、熊沢五六・徳川美術館長の下で改葬作業を進めた。

　当時、建中寺の住職は東京・増上寺の法主が兼ね、ふだんは不在だったため、修行のために住み込み、近くの夜間高校に通っていた山口さんが、改葬にともなう仏事を務めた。

山口さんによると、白骨化した亡きがらもある中で、「宗春公は屍蝋《しろう》化していたとはいえ、茶筅髷《ちゃせんまげ》に白い経帷子《きょうかたびら》を着た姿には威厳さえありました」という。副葬品は質素で、大小の木刀や青磁の香炉などが見つかった。

宗春の亡きがらはトラックで名古屋市昭和区の火葬場へ運ばれ、茶毘《だび》にふされる前に、山口さんが読経した。

「お経のお布施代わりに、熊沢さんはぜんざいをおごってくれました。当時はまだ甘いものが少なく、おいしかった」

改葬の全容は尾張徳川家の『墓地改葬日誌』に記録されたが、今日まで、研究者にも公開されていない。このため、石室など地下構造が明らかになるのは、旧境内に中学校の体育館や市営住宅が建設される際の二度にわたる名古屋市の発掘調査まで待つことになる。山口さんの思い出話も貴重な証言だ。

墓碑となった鵜沼石

結局、この時の改葬では、光友の墓のみ建中寺に残し、平和公園には「一家で一基」の墓地移転の原則に従い、宗春の墓碑だけが移されることになった。

第九代藩主宗睦《むねちか》の墓は同県小牧市の小牧山に移された。残る墓碑のうち、一部の墓碑は文字を彫り直して同寺三門脇の寺標などに再利用された。それ以外は精抜きされて境内に積み重ねられ横たわっている。

ちなみに藩主の墓碑や地下の石室用の石材は入札で決まったらしい。尾張藩士に、歴史ファンには御畳奉行として名高く、本書第２章の主人公、朝日文左衛門がいた。彼は元禄四年（一六九一年）から享保二年（一七一七年）まであしかけ二十七年にわたって日記『鸚鵡籠中記《おうむろうちゅうき》』を書き続けるのだが、その中に入札の結果まで記している。

第四代藩主の吉通《よしみち》が死去した正徳三年（一七一三年）の入札では、石室、墓碑ともに岡崎石（花崗岩）が最安値だったものの、墓碑は上司の横やりで鵜沼石が落札したという。

鵜沼石とは中山道鵜沼宿（現在の岐阜県各務原市）に近い小高い山で産出する硬質の砂岩だ。鵜沼は木曽川を挟んで犬山の対岸となるが、木曽川筋は重要な物流ルートだったので尾張藩領に組み込まれていた。

「岡崎石では岡崎藩から運び込むことになる。鵜沼石なら領内の良質な石材ということで優先されたのではないでしょうか。宗春はじめ歴代藩主の墓碑はほとんど鵜沼石です」

名古屋市見晴台考古資料館学芸員の野澤則幸さん（五二）がそう解説してくれた。

歴代藩主の墓は、大きさも材質もほぼ同じだった。戦後、その中から宗春の墓を選んで平和公園に移したのは、当時の尾張徳川家当主、徳川義親氏だった。その理由は明らかではない。吉宗の敵役として断罪された宗春が、いつの日か脚光を浴びることを予知していたのかもしれない。

2　部屋住み時代

江戸へ下る

宗春の父、第三代藩主の綱誠《つななり》は多数の側室を抱え、男女三十九人の子に恵まれた。宗春は二十男。多くの兄弟が早世し、成人したのは男五人、女一人の計六人だった。宗春は男の兄弟で一番下で、吉通《よしみち》、通顕《みちあき》（後の継友）ら四人の兄がいた。

これでは尾張藩の後継ぎはもちろん、高須家などの分家へ養子で入る可能性も小さかった。宗春は「部屋住み」として、気楽ではあるが、将来に大きな夢を描きにくい少年期を名古屋城下ですごした。

長兄の吉通が第四代藩主だった正徳三年（一七一三年）四月六日早朝、十八歳の宗春は、初めて江戸へと旅立った。

宗春は幼名の万五郎から三度、名前が変わっている。当時は、兄の吉通の一文字をもらって通春《みちはる》と名乗っていた。

江戸へ行っても、名古屋と同様に気楽な部屋住みとして暮らすつもりだったろう。周囲も宗春のことなど、あまり気にかけていなかった。

藩政から身の回りの出来事、市井の事件まで詳細に記録した朝日文左衛門でさえ、『鸚鵡籠《おうむろう》中記《ちゅうき》』で宗春についてふれるのは、合わせても四百字詰め原稿用紙一枚にも満たない。しかし、宗春の出立の朝は主税町筋の自宅（現在の名古屋市東区主税町四丁目）から見送りに出ている。宗春は馬に乗り、供はわずかだった。

〈自宅から少し東の道で万五郎（宗春の幼名）様のお見送りをした。「おお定右衛門か、いつまでも息災でな」と声をかけられた〉

定右衛門は父の名だったが、隠居したため、文左衛門がその名を受け継いでいた。屋敷の畳替えなど御畳奉行としての役目の折に、宗春と顔を合わせることがあったのだろう。万五郎と幼名で記しているから、子供時代から知っていたのかもしれない。部屋住みとはいえ主家の御子息である。自分の名前を呼ばれたことがうれしくて、ほほを緩めながら、この日の日記をしたためたのではないだろうか。

文左衛門宅の東の道というから、当時の地図で見ると、宗春は名古屋と犬山を結ぶ藩公認の「上街道」ではなく、国道十九号に沿うように、大曽根から北東へ延び、庶民が行き交った「下街道」で中山道へ向かったようだ。近道にもなる。格式にこだわらない宗春らしい選択だ。文左衛門は五年後に病死しており、この時が宗春の顔を見た最後となった。

宗春一行の江戸到着は四月十五日。尾張を出たことがなかった宗春にとって、江戸のにぎわいは目を見張るものだったに違いない。

気楽な身分である。やがて吉原などの遊郭に通い、遊び人としても名をはせてゆくのだが、その前に、宗春の江戸一年目は、尾張藩にとって奇怪なほどに不幸が集中する。その予兆のような事件が、まず宗春の身辺で生じた。ここでも『鸚鵡籠中記』が伝える。

〈閏《うるう》五月二十八日　万五郎様について江戸に下った朝倉平左衛門が二十三日に自害。吐血して急死とも。同様に金森数右衛門も、万五郎様とともに市ヶ谷の尾張藩上屋敷へ行った帰りに吐血して急死〉

時代小説家の池端洋介さん（五三）（神奈川県茅ヶ崎市）には、朝日文左衛門が主人公の『御畳奉行秘録』（静山社文庫）など尾張藩を舞台にした作品が多い。『裏長屋若さま事件帖黒化粧』（PHP文庫）では、宗春を主人公にして、近臣二人の謎の死を発端に、将軍家の跡目を争う尾張藩と紀伊藩の暗闘を描いた。小説では、二人の謎の死が後の宗春と吉宗の対立の原点とも位置づけている。

あながち小説家の得意とする想像で終わらないところが、宗春をめぐる歴史である。

三度逃した将軍の座

尾張藩は紀伊藩と将軍家の跡目を争うことになるが、御三家筆頭の尾張藩が格上で、まずは尾張藩からというのが筋だと自負していた。実際、尾張藩から将軍を出すチャンスは三度もあった。

最初のチャンスは、寛永十五年（一六三八年）、第三代将軍家光の長女、千代姫と尾張藩初代藩主義直の長男、光友との婚約が決まった時だ。

家光はなかなか子供に恵まれず、ようやく生まれたのが千代姫だった。幕閣の間では、このまま後継ぎに恵まれない事態も考えて、千代姫の夫となる光友を将軍として迎えるプランが練られていたという。

間もなく家光に待望の男児、後の家綱が誕生し、光友将軍は幻に終わる。

次のチャンスは、宗春が江戸に下る前年、正徳二年（一七一二年）九月のことだ。第六代将軍家宣《いえのぶ》は重い病の床で、ブレーンの儒学者新井白石に尋ねた。

「我が子の家継は幼く、まずは尾張藩主の吉通に将軍職を譲りたいのだが」

白石は答えた。

「幼くても世継ぎは世継ぎ。吉通様に譲られるのは道理に外れます」

家宣は重ねて尋ねた。

「我が子が早世したときはどうする」

白石は答えた。

「その時こそ吉通様に」

家宣は回復せず、その結果、わずか四歳の家継が第七代将軍となった。

このやりとりを白石は自著『折たく柴の記』に残している。半ば公然の事実であり、吉通はその後も、将軍家に万一の場合に世継ぎとなる「最有力候補」としてキープされていた。

しかし、翌年七月、吉通はわずか二十五歳で急死する。ふだんから大酒を飲み血へどを吐いたとされる一方、いや酒はたしなむ程度だったとか、まんじゅうを食べた後に異変が起きた、主治医が見取っていないなどと、その死を不審とする声は藩を越え、江戸の市中へも広がった。

しかも、三歳で第五代藩主となった吉通の子、五郎太もわずか三か月後に病死する。今にも将軍を出しそうな勢いだった尾張藩が、相次ぐ藩主の死に動揺した。

三度目のチャンスは享保元年（一七一六年）四月に第七代将軍の家継が八歳で死去した際だ。第六代尾張藩主の継友と、第五代紀伊藩主としてすでに十一年の実績を重ねていた吉宗が候補に挙がった。

尾張藩の重臣たちは「三度目の正直」とのん気に構えていたのかもしれない。御三家筆頭だからと油断もしていたのだろう。将軍レースを制したのは、幕府の重臣や大奥への働きかけに抜け目のなかった紀伊藩だった。その後、将軍の後継候補に、尾張藩主の名が挙がることは二度となかった。

敗れた兄の無念

またも将軍を出せなかった尾張藩に対する江戸庶民の辛らつなあざけりは、狂歌となって、遠く名古屋まで伝わった。朝日文左衛門が『鸚鵡籠中記』に拾い上げている。

〈尾張にはのうなし猿が集まりて見ざる聞かざる天下取らざる〉

〈紀ノ国のみかん立花葉はさかり尾張大根今は切ぼし〉

尾張藩史研究の重鎮、林董一・愛知学院大名誉教授（八三）は、尾張藩が事前の情報戦で負けていたことを指摘するとともに、こう断じる。

「第一に吉通の死、第二に継友の凡庸が不運だった」

独自の史観を展開する作家の井沢元彦さん（五六）は、正徳四年（一七一四年）の大奥を舞台にしたスキャンダル「絵島生島事件」が、家継の生母で、尾張藩に好意的だった月光院の勢力を駆逐する謀略だったとし、家宣から家継を経て将軍吉宗誕生までは〈日本史上有数のミステリー〉（『逆説の日本史』十五巻）と書いている。

飼い殺しのような部屋住み身分とはいえ、宗春は兄の吉通や継友の無念を間近で見ていた。江戸庶民のあざけりには悔しい思いをしたに違いない。同時に、いつまでも部屋住みの身分に甘えてもいられなかったはずだ。

世継ぎのいない大名が江戸を離れるたびに幕府に出すことになっていた「仮養子願い」で、継友は都合六回、宗春を万一の場合の後継者に指名している。宗春も自分を頼る兄の意志を感じ取ったことだろう。

3　梁川藩主となる

東北の小藩

形式的な手続きとはいえ、藩主の徳川継友に「仮養子」と指名されたことで、宗春にも藩を支える一翼との自覚が生まれた。この間、誰に何を学んだかの記録はないが、学問にも精進したことだろう。

享保十四年（一七二九年）八月、思いがけない通知が飛び込んできた。陸奥の国の梁川藩（現在の福島県伊達市）を所領としていた尾張徳川家の分家、梁川松平家の世継ぎが絶えたため、将軍吉宗の意向で、急きょ宗春が後を継ぐことになったのだ。

三万石とはいえ、外様の有力大名、仙台藩の伊達氏や米沢藩の上杉氏をおさえる要衝でもあった。宗春、三十四歳。部屋住みの悲哀を知る人間の人生は大きく転換しようとしていた。

宗春は江戸・大久保（現在の東京都新宿区）にあった松平家の屋敷に移ったが、陸奥梁川藩は尾張徳川家の分家のため、殿様は江戸常府、つまり参勤交代がない。地元には代官がいて、政治を任せることができる。従来通りの江戸暮らしが続いた。

梁川藩の所領は現在の福島県伊達市の一部で、合併前の梁川、保原両町の大半と霊山《りょうぜん》町の

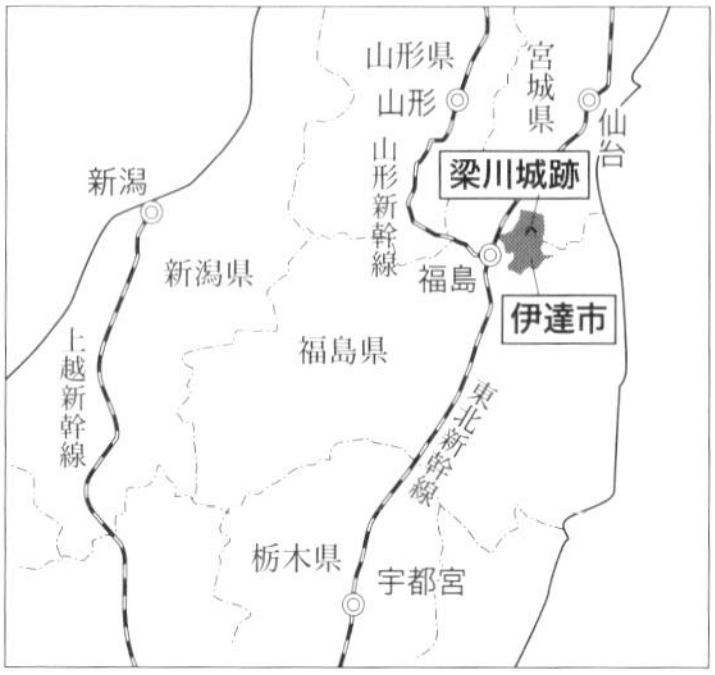

梁川藩の梁川城跡

一部にあたり、西北辺を阿武隈川が流れている。

享保十六年（一七三一年）時点の梁川城下の家屋の数や人口がわかっている。家屋は四百五十軒、男千百六十四人、女八百十九人。九八％が農民だった。

鎌倉時代から戦国時代末期までは伊達氏が支配していた。その後は越後から転封されてきた上杉氏の米沢藩に組み込まれた。上杉綱勝が嗣子を決めないまま急死したため、米沢藩はお取り潰しの危機に見舞われる。幕府は石高を十五万石に半減する代わりに、末期養子を認めた。この時、梁川は上杉氏の支配を離れ、天領となった。

天和三年（一六八三年）、尾張藩の第二代藩主光友の三男、松平義昌にこの天領が与えられ、分家の梁川藩として独立した。義昌も江戸から出ることはなく、派遣した家臣を通じて藩政を展開した。

阿武隈川の支流、広瀬川のほとりにある称名寺を松平家の菩提寺とし、自身の守り本尊だった毘沙門天像を奉納した。毘沙門堂の天井には今も尾張徳川家と松平家のそれぞれの葵紋が描かれ、屋根には葵紋と尾張藩の略章の「㊇」印のついた瓦が載っている。神社造営のため義昌の妻が尾張から材木を送ったとの記録もある。

梁川町郷土史研究会会長の八巻善兵衛さん（七七）は、梁川藩への細かい心配りをみせた義昌の施策について、

「江戸と梁川で遠く離れてはいても、領民と一緒に領内を治めていくという姿勢を示したものでしょう」

という。

梁川の地名は、阿武隈川を遡上してきたサケをとらえる簗《やな》場から来ている。江戸時代初めまでは「簗川」だった。簗の字を梁と変えたのも義昌だ。中国古代の著名な思想家、孟子と梁の恵王の対話にちなみ、「梁」の字をもらって、孟子の説く仁政を目指したとされる。

新田開発にも積極的に取り組んだ。綿花栽培や養蚕も盛んになり、阿武隈川の船運を使って、生糸は遠く京都の西陣まで送られた。後には蚕に卵を産み付けさせ、養蚕農家に売り込む「蚕種紙」の国内最大の生産地にもなる。

ちなみに明治に入って阿武隈川沿いルートで鉄道が計画された際、「汽車の煙で桑の葉が汚れてしまうと反対した。このため、東北本線は西にずれ、梁川町から離れたルートとなってしまいました」

と八巻さんはいう。

発展のチャンスは逸したものの、それがまた、城下町のたたずまいを今日まで残すことにつながったのかもしれない。

政治の原点

宗春は梁川藩主になった時点で、まさか翌年、尾張六十二万石の藩主になろうとは想像だにしていなかったことだろう。後の仕事ぶりを考えれば、政治は嫌いではない。梁川の歴史と現状を学び、三万石の藩主として遠い未来の夢を描き、具体的な指示を相次いで出していたことだろう。

毎月四と九の日には城下に市が立ち、地元産の馬や生糸、和紙が扱われるなど、農家の副業が盛んだったし、阿武隈川を利用した船運は、年貢米や商品を遠く江戸や大坂へと運んだ。米沢藩の領地だったころから続く制度のまま、年貢は米と金銭で半分ずつ納められていたことなども、宗春は学んでいたに違いない。

城下には阿武隈川と広瀬川の合流点があり、毎年のように洪水に悩まされていた。藩主拝命の前年、享保十三年（一七二八年）には、五月から八月にかけ、四度も豪雨に見舞われ、大きな被害が出ていたことにも心を砕いていたことだろう。

一方、領民にとっては、顔を見たこともない新藩主がどんな人物か、どんな政治を展開するのか、気になっていたはずだ。

宗春の業績を示す記録は少ないが、最初の仕事は、就任の一か月後に日光から東照宮を勧請《かんじょう》し、梁川の天神社に別宮を設けようとしたことだった。

尊敬する神君家康をまつり、それに恥じることのない政治を施す。そんな心意気の発露ではなかっただろうか。同時に、将軍家との近しい関係を、言葉以上にアピールしようとも考えたのだろう。

八巻さんが語る。

「庄屋に残されていた古文書には、領民思いの殿様だったことが記されていました」

陣屋にある牢内の罪人の処置を江戸に問い合わせた際のやりとりの記録のことだ。

〈理由があって罪を犯したのだろうから、軽いものなら解き放してよろしい〉

宗春からはそんな返事だったという。罪人への厳罰が横行した当時、宗春が性善説に立ち、罪に寛容であったことは、後に尾張藩主時代でも発揮されることになる。

慕われた殿様

梁川町とともに梁川藩領だった保原町（いずれも現在の福島県伊達市）の厳島神社で、毎年三月の第一日曜日に繰り広げられる奇祭「つつこ引き祭り」もまた、領民への思いやりを示す証しとして、今に伝わっている。

「つつこ（筒こ）」とは、わら束で編んだ直径一・五メートル、長さ三メートルの大俵で、中に蒸したもち米を詰め、重さは八百キロにもなる。

三色の鉢巻きを締めた下帯姿の男衆が三組に分かれ、つつこを自分たちのゴールへと奪い合

下帯姿の男衆が大きな俵を奪い合う厳島神社の奇祭「つつこ引き」。享保のころに始まったとされる

う。激しいもみ合いで、勝負がつく頃にはつつこの中はもちとなり、参拝者にふるまわれるという勇壮な祭りだ。

約二百八十年前の享保年間、東北では凶作が続き、梁川藩内でも農民は種もみまで食べ尽くしてしまった。見かねた宗春が夢のお告げに従い、農民たちを厳島神社に集めて種もみを分け与えたところ、翌年は大豊作になった。「つつこ引き祭り」は宗春への感謝から始まったという。

伝承がどこまで事実を反映しているのか、確かめる記録はない。ただ、わずか一年三か月の治世で、宗春が領民にとって特別の存在となったことは確かなようだ。

梁川藩主時代、一度もお国入りすることがなかった宗春に、江戸まで会い来た領民がいる。多くの庄屋を束ねる大庄屋として「割元」と呼ばれた堀江与五右衛門だ。先祖は伊勢国の出身で、十四世紀の南北朝時代、北畠顕家が陸奥の国司として赴任した際に同行したのが始まりという。

堀江家に残っていた文書によると、宗春が藩主となった翌年の享保十五年（一七三〇年）三月、特産の塩マスを土産に江戸・大久保の梁川藩屋敷を訪れ、宗春へのお目見えが初めてかなったとある。

宗春が尾張藩主となってからは、梁川は天領に戻り、宗春と領民の主従の縁は切れる。すると与五右衛門は、今度は尾張藩の江戸屋敷をたびたび訪ねている。享保十八年（一七三三年）一月には、宗春とその長男の国丸に、名高い三春馬と南部馬各一頭を献上した。

宗春はこれを気に入り、それぞれ白川、いろはと命名して、名古屋に連れ帰った。この後、宗春が謹慎蟄居《ちっきょ》させられるまで、毎年、与五右衛門による馬の献上が続いた。

与五右衛門が尾張藩に出入りしたからといって、天領となった地元での公的な立場がことさらに強化されたわけではない。せいぜい御三家出入りの箔が付いた程度だったろう。

与五右衛門もまた、主従の縁以上に、宗春を慕った領民の一人だったようだ。

疑惑残る兄の死

さて宗春自身のことに話を戻そう。梁川藩主として仕事に打ち込もうとしていた矢先の享保十五年十一月二十七日、兄で第六代尾張藩主の継友が滞在中の江戸ではしかを患い、三十九歳であっけなく死んでしまう。後継ぎの男子はいなかった。

将軍の跡目争いで、家格が下の紀伊藩の徳川吉宗に敗北し、江戸の庶民に散々にからかわれた継友だったが、十八年間の治世では、肥大してしまった藩組織のリストラに努め、赤字の藩財政を黒字に転換させている。

「尾張藩にとって積年の懸案だった行財政改革を成し遂げた功績者です」

愛知学院大の林董一名誉教授（八三）はその業績をたたえ、歴代藩主の中でも、この地味な継友が「大好き」といってはばからない。

しかし、あまりにあっけない死は、正徳三年（一七一三年）の第四代藩主吉通、五代五郎太の相次いだ不審死を思い起こさせた。継友もまた刺客によって暗殺されたなどといった不穏なうわさが流れるほどだった。疑いの目は紀伊藩や吉宗へと向けられた。

尾張藩では、跡目争いで負けて以来、紀伊藩や将軍吉宗に対して消えることのない恨みの炎がチロチロと燃え続けていたのだ。

4　第七代尾張藩主

吉宗と宗春の共通点

兄、徳川継友死去の翌日、第七代尾張藩主は三十五歳の宗春と決まった。梁川藩主とは比較にならない重責が宗春にのしかかった。年があらたまった享保十六年（一七三一年）一月には、第八代将軍徳川吉宗から名前の一文字をもらった。通春から宗春へと名前を変えたのは、この時だ。ただ、多くの歴史家が推察するように、藩内にくすぶっていた将軍や紀伊藩に対する無念の思いを、宗春もまた共有していたことだろう。

気鋭の歴史学者、磯田道史・茨城大准教授（三九）は語る。

「尾張藩の当主となって、将軍吉宗に対する反発心が宗春の政治や行動の原理になっていきます。将軍が吉宗ではなく、紀州徳川家出身でもなかったら、その後の宗春は違った道をたどったかもしれない」

もし、この時代に見出しが派手なスポーツ新聞があったなら、「遺恨試合にゴング」と大見出しが躍ったことだろう。ところが遺恨の相手、将軍吉宗と宗春の境遇は、驚くほど似通っている。

吉宗は四人兄弟の末弟、宗春にいたっては二十男で、成人した五人の男兄弟のうちの、やはり末弟だった。たとえ「部屋住み」でも、適齢になれば御三家の一族として、それなりの官位はもらえる。しかし、責任のある仕事はない。そのままだったら、歴史に何の足跡も残さなかったことだろう。

徳川吉宗と宗春の共通点

	徳川吉宗	徳川宗春
末弟	1684年、紀州第2代藩主光貞の4男に生まれる	1696年、尾張第3代藩主綱誠の20男に生まれる
3万石	1697年、14歳で越前葛野藩3万石の藩主になる	1729年、34歳で陸奥梁川藩3万石の藩主になる
御三家	1705年、紀州第3代、4第藩主の兄2人が死去、22歳で第5代藩主に	1730年、尾張第6代藩主の兄・継友が死去、35歳で第7代藩主に

二人にとって転換点となったのは、それぞれ越前葛野藩《かずらの》（現在の福井県越前町）、陸奥梁川藩（福島県伊達市）の大名となったことだ。元々は幕府領で、吉宗の場合は第五代将軍綱吉、宗春の場合は吉宗の特別の配慮のおかげだった。石高三万石も共通している。

将軍の吉兆

吉宗と宗春はともに現地へ赴いたことはなく、派遣した代官が統治した。それでも、鬱屈とした部屋住み時代と比べ、意気込みが出てこなければうそだ。三十四歳で梁川藩主となった宗春は、領民への思いやりや罪人への対処で、尾張藩主となってからの政治の原型らしき雰囲気を醸し出している。

江戸幕府中興の祖といわれる「徳川吉宗像」（徳川記念財団所蔵）

これに対し、葛野藩領だった福井県旧朝日町の『朝日町誌通史編』は、吉宗の九年にわたる治世についてこう書いている。

〈（吉宗が）和歌山藩政や享保の改革の先行形態となるような政治を主導した様子は知ることができない〉

吉宗が葛野藩主となったのはわずか十四歳の時だった。年齢の違いからくるものだろう。

ただ同町誌は、幕末の福井藩主で、坂本龍馬との交際でも知られる松平春嶽の日記から、吉宗にまつわる興味深い話を紹介している。葛野藩領には上天下《かみてが》、下天下《しもてが》の二村（ともに現在の福井市）があった。後に将軍となった吉宗が、葛野藩主時代を振り返って言ったそうである。

「私はかつて天下村を所領としたことがある。まさに将軍となる吉兆だった」

三万石の小藩の大名から御三家の後継ぎへの出世もまた見果てぬ夢である。兄たちが次々と亡くなり、しかも、どの兄も後継ぎに恵まれないという、藩にとっては不幸な出来事が幾重にも重ならない限り、そんな幸運は訪れないからだ。吉宗と宗春はその点でもお互い強運の持ち主だった。

宝永二年（一七〇五年）、紀伊藩では吉宗の兄で第三代藩主の綱教《つなのり》が死去。後を継いだ兄の第四代頼職《よりとも》も四か月後に亡くなった。吉宗のもう一人の兄は早世しており、第五代藩主の座は吉宗の手に転がり込んできた。

一方、尾張藩でも享保十五年（一七三〇年）、第六代藩主継友が死去した時点で、宗春のもう一人の兄は分家の養子に入って久しく、しかも大病を患った後だったこともあって、残されたカードは宗春しかなかった。

吉宗の出世街道をまるでなぞるように、宗春もとうとう御三家の大名となった。

吉宗は幕府から借金するほど困窮していた紀伊藩の財政危機を、人材登用と倹約政策で乗り切った。その成功体験をもって享保元年（一七一六年）に将軍となる。宗春との共通点は、ここで終わる。

唐人笠に長煙管

昨今の政治家なら、服装から言葉遣い、立ち居振る舞いにいたるパフォーマンスが、庶民の人気を得るための重要な要素だと知っている。

約三百年前、江戸時代の真っただ中にいながら、宗春はすでにその真実を熟知していた。享保十六年四月十二日、藩主として初めてお国入りした宗春は、わずか一日で、名古屋城下に強烈な印象を与え、新しい政治への期待を膨らませた。

後に宗春の治世時代を懐かしんで書かれた『遊女濃安都《ゆめのあと》』（『日本庶民生活史料集成』第十五巻所収）は、出迎えた藩士や町民の前に現れた宗春の様子をこう描く。

〈浅黄（水色）の頭巾《ずきん》に鼈甲《べっこう》の丸笠、そのふち二方が巻せんべいのように上へ巻き上がり、唐人笠のよう。衣服といえば黒ずくめで足袋も黒。かごではなく馬に乗っていらっしゃった〉

『遊女濃安都』は宗春の蟄居謹慎から数年後に書かれたらしい。『ゆめのあと』『夢の後』など内容が類似した十数種類の本が伝わり、いずれも著者は不明である。

一方、幕末の尾張藩士阿部直輔による同藩通史『尾藩世記』では、この日のことを〈名古屋城に到着し、すぐに（尾張藩菩提寺の）建中寺に参拝〉と記し、参拝の折に異様な衣装へと着替えたようでもある。もちろん〈国民は大いに驚いた〉。

元々、殿様ともなればかごに乗って移動し、庶民の前に顔はさらさないものなのだ。
お国入りといえば、吉宗は紀伊藩主を継いだ際、そのまま江戸滞在が長引いて、初めて和歌山へ戻ったのは、五年後の宝永七年（一七一〇年）五月だった。その際の衣装は、小倉織のはかまに木綿の羽織で、行列も質素そのもの。着飾って出迎えた方が恥じ入るほどだったという。何事も倹約の吉宗らしいパフォーマンスだった。

　さて、藩主ともなれば肖像画が描かれるものだが、宗春については一枚も残っていない。正規の記録も少なく、敗者の足跡が抹殺される歴史の常識は彼の場合にも当てはまる。

派手ないでたちの宗春をモデルにした歌舞伎「傾城夫恋桜」の役者絵（藤園堂所蔵）

　しかし、宗春のユニークさは江戸や上方へも伝わって、早速、彼をモデルに歌舞伎「傾城夫恋《けいせいつまこい》桜《ざくら》」ができた。今に伝わる役者絵は、上方の人気役者市山助五郎ふんする若殿が遊郭を訪れた場面だ。

　本物の宗春も、たびたび白牛に乗り、派手な衣装に五尺（約一・五メートル）はある長煙管《きせる》を持って、市中を出歩いたといい、この役者絵が宗春をしのぶ唯一の絵となっている。

ただし、パフォーマンスだけでは、中身の薄っぺらな政治家で終わってしまう。現代でもそんな政治家気取りがなんと多いことか。

宗春が著した『温知政要』（名古屋市立鶴舞中央図書館所蔵）

宗春は梁川藩主となったころから、自身の政治哲学を込めた治世指針の執筆に取りかかっていた。その途中で尾張藩主となった。東北の三万石の支藩向けと、東海道の枢要の地を押さえる御三家筆頭六十二万石の大藩向けでは、指針の中身は変わる。影響力も雲泥の差となる。江戸にとどまっている間、懸命に書き換えに取り組んでいたことだろう。

派手な衣装以上に、享保の世に衝撃を与える『温知政要』は、名古屋入りの時点ですでに完成していた。

マニフェストを掲げて

「この世で一緒になれんのなら、あの世で一緒になろみゃあか」

二〇〇九年に女流講談師としてデビューした古《こ》池鱗林《いけりんりん》さん（三七）は、拠点としている名古屋市中区の大須演芸場で、自作の「名古屋心中」を熱演する。

心中物なのに湿っぽくないのは、数えるほどの客の入りを笑いのネタにしてしまう古池さんの根っからの明るさだけではない。悲恋が涙を誘う多くの心中物と違って、主人公の「おさん」と「伊八」にハッピーエンドが待ち構えているからだ。

実話が元になっている。宗春が藩主時代の享保十八年（一七三三年）十一月、名古屋城下のはずれにある闇《くらがり》之森八幡社（名古屋市中区正木）で、遊女小さんと畳職人喜八が心中未遂を起こした。

当時、幕府は増える心中に業を煮やして遺体の埋葬を禁じ、片方が生き残った場合は死罪、未遂に終わればさらしものにしたうえで最下層に身分を落とした。

ところが二人は三日間、城下を東西に走る大通りの広小路でさらされただけで解き放たれ、後に結婚までした。

事件の一か月後には、宮古《みやこ》路《じ》豊後掾《ぶんごのじょう》が新作浄瑠璃「睦《む》月《つき》連理《れんりの》𢢫《たまつばき》」に仕立てて名古屋で上演した。あまりの人気に「さしもの広小路も狭小路になった」といわれたほどだった。

そもそも幕府は「心中」の二文字が、武士の魂でもある「忠」の文字に通じるからと使用を禁じ、「相対死《あいたいじに》」と呼ぶよう命じた。享保八年（一七二三年）には心中物の浄瑠璃の上演を禁じている。

これに対し、尾張藩の小さんたちに対する人情あふれる処置の背景に宗春の政治があったことは明らかだ。それは一冊の書物で、万民に示されていた。

藩主として初めて名古屋入りした直後に発表した『温知政要』のことだ。藩の重役はもとより百五十石以上の中級藩士にまで配布したとされる。

この本の性格を表す言葉が前文にある。

〈自分の本意を広く人にも知らせ、永くなし遂げる誓約の証本〉

まさに「政権公約」と訳された現代のマニフェストである。

前文と本文二十一条に後記で、四百字詰め原稿用紙なら二十枚足らずの分量だ。しかし、大名が自らの政治指針や理念を本の形で出すことも異例なら、〈漢字ではなく国字で〉と平易なかな交じり文で書いたことも、武家の常識の枠を大きくはみ出していた。

その第三条にこうある。

〈千万人のうちに一人誤って処刑しても大名の恥である〉

死刑囚が再審で無罪を勝ち取る昭和や平成の時代の話ではない。江戸時代のただ中で、大名がまさに誤審へのおそれを表明した。

消防について触れた第十七条では、火事となったら、集中的に人を投入し、消火に努めろという。

〈たとえ千金を溶かした物でも、軽い人間一人の命には代えられない〉

人命の尊重がその理由だとうたうのである。

宗春はその治世中に死刑を行わなかった。罪人に対しても罪を犯した背景への配慮が大切とした。このような姿勢が、心中未遂の小さん、喜八への温情となったことは間違いない。

享保の改革を成し遂げ、近世史家にもてはやされてきた吉宗に対し、「あまり顧みられることのなかった宗春の政治を初めて評価したのは、歴史学者の奈良本辰也氏でした」と安田文吉・南山大教授（六四）はいう。

その奈良本氏は著書『近世政道論』で『温知政要』の内容に言及し、こう指摘している。

〈無礼討ちの許されていた封建社会で、民の人権をここまで認めた言葉はいまだかつて無かった〉

5　吉宗対宗春

元禄バブル

吉宗が将軍となり、さらに十五年遅れて宗春が歴史の表舞台に登場した享保年間は、どんな時代だったのだろうか。

それにはまず元禄時代を簡単に確認しておこう。慶長五年（一六〇〇年）の関ヶ原の戦いからの百年間で、日本の人口は二・五倍に、生産力は三倍に膨れ、幕府も大名も庶民も平和と繁栄と享楽に酔った。そのピークが元禄時代（一六八八〜一七〇四年）だった。

一九六〇年代の高度経済成長を経て日本が米国に次ぐ経済大国へとのし上がった昭和時代が元禄時代と似ていた。自民党の有力政治家が命名した「昭和元禄」はやがて流行語となった。

しかし、昭和が終焉し、元号が平成となった一九八九年九月、「平成享保」という言葉が登場したことをご存じだろうか。

江戸時代と現代の政治経済史を比較した古田隆彦・現代社会研究所長は、元禄時代までの成長から停滞への転換点となった享保時代の再来を予測し、「平成享保」と名付けた。その予言を裏付けるように同年十二月二十九日に平均株価が史上最高値を付け、その後はバブル経済が崩壊して日本は長い低迷の時代へと移っていく。

斬新な視点で時代を描く作家の堺屋太一さんも「平成享保」で警鐘を鳴らした。一九九四年刊行の『満足化社会の方程式』に、日本の行く末を懸念したこんな一章がある。

〈不況と飢饉が続いたどん底の時期・享保に落ち込むことになる〉

堺屋さんは、政策の転換で脱「平成享保」を訴えた。

ところが、流行語となった「昭和元禄」とは対照的に、「平成享保」という言葉は定着しなかった。読売新聞のデータベースで東京本社発行分の記事（一九八六年一月以降）を検索すると、「昭和元禄」が五十一本の記事に登場するのに反して、「平成享保」はわずか三本にとどまる。

二つの言葉の受容に大きな落差が生じた理由は簡単だ。堺屋さんたちがマイナスイメージをダブらせた「享保」に、国民はプラスのイメージを重ねているからだ。なにせ「名君徳川吉宗」の時代だ。テレビでも吉宗やその右腕の南町奉行大岡忠相が活躍する時代劇がお茶の間を席巻してきた。

苦心の将軍

歴史の真実は、元禄バブルがはじけ、幕府財政が破綻寸前のところに吉宗を立たせていた。徳川家康が残した巨万の「埋蔵金」も家光や綱吉の湯水のような放漫財政や度重なる江戸の大火、自然災害で空になっていた。

吉宗が将軍となった享保元年（一七一六年）には疫病が流行し、江戸市中でも八万人が死亡した。埋葬が間に合わず、品川沖から江戸湾へ流したという。

吉宗の一番の悩みは幕府、諸藩の収入源として幕藩体制を支える米の価格低迷だった。米の生産力が高まったうえ、消費社会に慣れた武士も農民も米の換金を急ぎ、供給過剰となったからだ。

一方、消費物資の生産は膨れた需要ほどには伸びず、価格は上昇する。「米価安の諸式（物価）高」の時代が到来していた。

吉宗にとって政策の選択肢は少なかっただろう。財政再建のために歳入面では農民の負担を重くする増税に踏み切り、歳出面では「倹約」の大号令で支出を抑制した。

しかし、収支は改善されても、これでは経済全体の低迷を招く縮小均衡である。

一方、米価という市場メカニズムとの格闘は、敗北続きだった。

『温知政要』というマニフェストを掲げて尾張藩主の徳川宗春が登場したのはそんなころだった。

〈やたら省略倹約ばかりでは慈悲の心が薄くなり、人々がたいへん苦しみ、かえって無用の出費を招くことがある〉

同書の第九条に登場する倹約是非論だ。慎重な言い回しだが、吉宗の倹約策への明確な反論だった。長い江戸暮らしで、倹約に難儀する庶民を見てきたことが背景にあったのだろう。

もう一度、吉宗の政策を見ておこう。

破綻した幕府財政の再建のため、吉宗はメンツなどにこだわっていられなかった。例えば諸大名に対し石高一万石につき年に米百石を幕府に上納させる享保七年（一七二二年）の「上米《あげまい》」令は、参勤交代で一年間、家臣ともども物価の高い江戸に滞在しなければならないところを、半年に短縮する見返りとして承知させた。

倹約を号令したのも、財政破綻の原因の一つが元禄以降の華美な生活にあるとみたからだ。

吉宗は自ら率先して食事、服装を粗末にするとともに、武家ばかりか庶民に対しても、また、ひな人形の服装に至るまで、細々と規制を設けてぜいたくの追放と倹約の励行を命じた。

このため、どこの藩でも「倹約」が大名の口癖となった。尾張藩でも宗春の兄の継友が藩主時代は、倹約と役所機構のリストラが主要な政策だった。

そのような時代の潮流の中で、宗春だけは倹約政策に疑問の声を上げたのだが、実は宗春よりも早く享保六年（一七二一年）に〈幕府の緊縮財政は間違っている〉と吉宗に指摘した人物がいる。江戸在住の軍学者山下幸内だ。

彼は吉宗が庶民の声を直接聞くために設置した「目安箱」に投書して訴えた。

〈将軍が金銀を幕府の金庫にため込めば天下万民が困窮します。血が滞ると病気になるように、金銀は流通させておくべきもの。金持ちがぜいたく品に金を使うからこそ、金銀が流通し、職人や商人の生活も成り立つのです〉

吉宗は、山下の命を賭けた政道批判には褒美を与えたものの、その意見に耳を貸すことはなかった。

名古屋を元気に

では、宗春の政治はどうだったのか。

倹約令によって抑制されていた勧進能や相撲などの見せ物の開催に、積極的に免許を与えるとした『温知政要』の第十二条は、これらのイベントを活用した地域の活性化策を示している。

〈神社の参道に茶店や餅、豆腐などを売る場所を許可する〉

町が繁盛し、庶民も潤うと、やがて〈不平もやみ、風俗までよくなる〉との理由もつけている。

藩主就任早々、兄の継友が倹約を理由に規模を半減させた東照宮祭の行列を元に戻した。武士と町人約七千人が九台の山車とともに名古屋城内と城下の若宮八幡社間を進む行列に、メーンストリートの本町通沿いは見物人であふれた。

初代の義直以来、許されなかった遊郭の設置を許可した。取り締まりで盛り場の火が消えていた江戸や上方から約八百人の遊女が名古屋へ流れ込んだといわれる。

芝居興行も次々と認め、武士の芝居見物を許可した。常設の芝居小屋が登場し、大須や広小路周辺には三味線や拍子木の音が響いた。

宗春の相次ぐ規制緩和策によって、お堅い町、名古屋の変貌とにぎわいのうわさはすぐに広まる。当時、熱田の宿場町は城下町の外にあり、名古屋は東海道の街道筋から外れていたのだが、旅人がわざわざ名古屋へ立ち寄るようにもなった。

「名古屋を日本一元気な町にした」

今日、宗春がそのように言われることになったのも、このような政策がよく知られるようになってきたからだ。

しかし、その政策の実際の波及効果を確かめ、評価することは容易ではない。

近世史の林順子・南山大学教授（四五）は遊郭や芝居小屋の盛衰とかかわりの深い名古屋の

材木商・神戸《かんど》分左衛門家に着目した。

「継友時代の享保九年から材木事業の利益が減少し低迷していましたが、宗春が名古屋入りした享保十六年（一七三一年）に四百三十両と一気にピークを迎えています」

この数字から、神戸家が宗春の規制緩和による建築ブームの恩恵にあずかったことがわかる。神戸家の収支は別の局面も伝えている。宗春の政策変更が始まる三年後からは利益ゼロが続き、神戸家は木材事業をあきらめて新田開発へと業態を変更していくことになる。このこともまた、藩主の政策と経済の盛衰の相関を証明していることになるだろう。

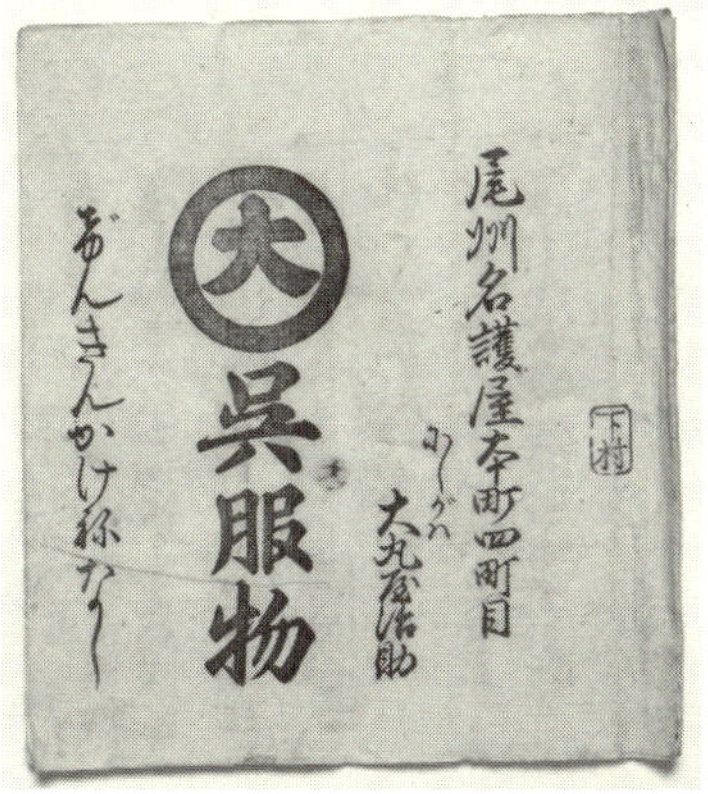

享保19年に大丸屋が頒布した宣伝用の引札。表紙に「現金掛け値なし」をうたう（大丸松坂屋百貨店所蔵）

大丸の進出

大手百貨店のライバル同士だった大丸と松坂屋が二〇一〇年春、合併して大丸松坂屋百貨店となった。両社の歴史を紐解くと、お互いをライバルとしたのは宗春時代の名古屋が始まりだった。

大丸は享保二年（一七一七年）に京都で呉服商「大文字屋」として創業し、店舗網を広げていく。名古屋進出は巧妙だった。まず番頭を送り込み、薬の取次店で地歩を築いたうえで、享保十三年

（一七二八年）、本町通沿いに呉服卸店「大丸屋」を開店した。二十一世紀まで続く屋号は名古屋で始まっていた。

進出が周到だったのには理由がある。名古屋は江戸、大坂、京都の三都に次ぎ、金沢と並ぶ都市に成長し、大手商業資本が進出をうかがった。江戸の呉服店「越後屋」（後の三越）も二度、名古屋進出を計画した。

「しかし、地元同業者の強い反対が藩を動かし、断念せざるをえなかったのです」

南山大の林教授は地域ぐるみの参入障壁の存在を指摘する。進出を果たすには、その障壁をくぐり抜ける必要があった。

大丸屋は翌年、卸商から小売店へ商売替えし、掛け売りで集金は盆と暮れが当たり前の商習慣だった当時、「現金掛け値なし」の看板を掲げ、正札通りの即金商売を始める。

そこへ宗春が登場した。町のにぎわいを演出し、服装の規制を緩和して呉服需要は膨れ、大丸屋の商売は拡大する。宗春が遊郭に出かける際の派手な衣服も大丸屋が納めた。『大丸二百五十年史』は正直に記す。

〈開業間もなく宗春の代となったことは、大丸にとって大きな幸運であった〉

地元商人は面白くない。大丸屋の商売替えを尾張藩に陳情したが、規制嫌いの宗春は受け付けなかった。

宗春が大丸屋商法を公認したともいえる出来事もあった。東照宮祭のおりに店を訪れ、六歳になる主人の長男をひざに乗せて抱いているのだ。

また、宗春が小牧山周辺で四万人の勢子を動員して鹿狩りをすると言いだした際、尾張藩から藩の略章「㊇」のマーク入り陣笠や胴、小手、すね当てなど勢子の装束四万人分の注文を受け、その準備で〈忙しさは例えようもない〉と、他店がうらやむような悲鳴をあげている。

ライバルたちも大丸屋の存在を認めるしかなかった。慶長十六年（一六一一年）創業の老舗「いとう呉服店」（後の松坂屋）も元文元年（一七三六年）には呉服小間物問屋から小売に転換し、大丸屋商法に追随して、業績を伸ばした。

老子を気取って

初めての名古屋入りの際の、耳目を驚かせた姿でも明らかなように、宗春はパフォーマンスの天才だった。大丸屋への訪問をはじめ、自らの一つひとつの行動が藩士や庶民に及ぼす影響を熟知していた。白牛の背に乗って城下を出歩く際の派手な服装は「倹約する必要はない」との強烈なメッセージだった。

ただなぜ牛であり、しかも白牛なのだろうか。

その疑問を突き詰めた法制史の林由紀子・名古屋学芸大名誉教授（七三）はひとつの結論にたどり着いた。

「青牛に乗った姿で知られる古代中国の思想家、老子を気取っていたのです」

白牛は青牛の代わり。日本では宮中行事の「白馬《あおうま》の節会《せちえ》」のように白が青に通じる。宗春はこの世に存在しない青牛の代わりとして白牛を近郊の農村で探し求めて入手した。

牛に乗る老子の形態をまねたばかりではない。法を人為の最たるものとみた宗春は、法や規制の少ない社会を理想とし、『温知政要』の第八条で、こう指摘した。

〈法令や規則が多くなるほど、背く者も増え、その結果、ますます法令が増えて煩わしくなる〉

このようなところから、林名誉教授は宗春が老子の思想へ傾倒しているとみるのだ。

「宗春の政策は、何かをやるというより、なるように任せる、つまり老子のいう無為に通じるところがあります」

実は林名誉教授は十年ほど前、『新修名古屋市史』（第三巻）で宗春時代の執筆を担当した。そのおりは、いまひとつ宗春の実像に迫れなかったとの思いが残り、研究を続けたのだという。

6　宗春、断罪

幕府の敵視

る。
「田舎が大都会になりました」
押切村（現在の名古屋市西区）の庄屋一東理助《いっとうりすけ》は、宗春登場から一世紀後の天保三年（一八三二年）でさえ、名古屋が大きく変貌した瞬間が庶民の間で連綿と伝えられてきたことを証言する。

徳川吉宗の倹約政策で日本中が火の消えるようだった時、名古屋だけは祭りや芝居の隆盛、遊郭の誕生で人とモノを招き入れた。広小路から橘町にかけた本町通沿いのにぎわいを精緻に描いた「享元絵巻」には、伊勢から出てきた赤福餅や江戸の幾世餅の売店も描かれている。

理助はこんな言葉も伝えている。
「名古屋の繁華に興（京）がさめた」
名古屋の急成長ぶりに京都の商人たちがあわてた様である。一世紀後の人間でさえ、そのように語るのだ。宗春の同時代の人たちの興奮はいかばかりだったか。地元だけではない。遠く江戸や京からも、宗春賛辞の声が上がった。

京の儒者中村三近子は『温知政要』に感動し、その推薦本まで出した。とくに何物にも代えがたい人命の尊さにふれた第十七条については〈かたじけなさに涙こぼるる〉と書いている。

江戸で盛んになった富士山信仰「富士講」の中興の祖とされる食行身禄《じきぎょうみろく》は、享保十八年（一七三三年）、吉宗の政治に抗議して、富士山で断食し、即身仏になった。死出の旅の途中、名古屋に立ち寄った際に『温知政要』に出合う。書かれている志を全うするなら、次の政治リーダーとして期待してもいいと書き残している。

彼らのような知識人層にまで、宗春の評価が広がっていた。

幕府とは正反対の政策を展開し、しかも成功が話題となる宗春を、幕府は見過ごすことはできなかった。宗春の藩主就任からまだ二年にもならない享保十七年（一七三二年）五月、吉宗は近臣を江戸の尾張藩邸に派遣し、宗春を詰問した。
一、国元ならともかく江戸で派手に物見遊山をするのはなぜか。
二、お披露目もすんでいない嫡子万五郎の端午の節句祝いに、権現様（家康）から拝領の御旗まで江戸屋敷に飾り、町民に公開したのはなぜか。喪中で穢れのある者がいたらどうする。
三、公儀の倹約令を守らないのはなぜか。
三か条のおとがめに、宗春は屹然と反論する。

「江戸で慎み、国元で遊山するような裏表のある態度はとりません。お慈悲のある権現様が、どうして町民の穢れごときを気にするでしょうか。本当の倹約とは、上に立つ者が下の者の財を欲深く欲しがらないことであって、私の華美はかえって下々の助けになっています」

しかし、幕府の締め付けは少しずつ強まっていった。京都の本屋が宗春のマニフェスト『温知政要』を一般向けに出版しようとしたが、幕府はこれを禁じ、板木を没収した。

ただ、万全と思えた宗春の足元でも変調が生じていた。誰もが遊び上手の宗春のように振る舞うことはできない。遊郭の遊女に入れあげ、身を滅ぼす者も出てくる。藩士の質実剛健の気風が廃れ、名古屋の町の風紀の乱れが顕著になってきたのだ。

破綻したマニフェスト

やむなく宗春は享保十九年（一七三四年）に藩士に遊郭や芝居街の徘徊を慎むよう命じ、翌年には、徘徊禁止へと進む。元文元年（一七三六年）には遊郭の縮小、新規の芝居小屋の撤去と、自らの政策を否定するような事態に追い込まれた。

財政も破綻状態だった。兄の第六代藩主継友は倹約と藩組織のリストラで、藩財政を黒字基調に戻したのだが、宗春が藩主となった翌年には、積極策の見返りで、早くも二万七千六十四両の赤字とし、蟄居前年の元文三年（一七三八年）には十四万七千五百八十五両にまで赤字を膨らませている。この年は農民や町人からの借金五万六千四十四両で何とかしのぐ状況だった。

租税を負担するのは農民層だけというのが、徳川家康以来の幕府や諸藩の常識だった。政策の恩恵を受け、また都市の発展とともに力をつけてきた商人層への課税に踏み込めば、宗春時代はま

宗春時代をはさむ尾張藩の財政（『新修名古屋市史』参照）

	金部門収支(両)	米部門収支(石)	総収支(両)
享保3年(1718)	13,379	7,229	27,837
同13年(1728)	13,372	27,815	26,167
同16年(1731)	▼26,909	▼206	▼27,064
元文3年(1738)	▼74.607	▼36,489	▼147,585
延享4年(1747)	▼28,288	34,779	13,621

▼はマイナス。延享4年は寛保2年（1742）から6年間の平均。総収支を算出する米の換算率は年によって変化

だ続いたかもしれないが、そのような発想は老中田沼意次の登場まで待たねばならない。常識にとらわれない、ユニークな発想と行動を示した宗春にも時代の制約があったというべきか。

その出世ぶりから、幸運ばかりが目に付く宗春に、「時代の不運」を指摘する研究者もいる。木曽の林業史に詳しい藤田佳久・愛知大教授（七〇）だ。

「宗春の登場がもう少し前の時代だったら、林業収入が活用でき、宗春の積極策はさらに効果を上げたでしょう」

藤田教授によると、尾張藩に多大な収入をもたらしてきた木曽の山は、過剰伐採でヒノキが枯渇し、当時は伐採を禁止し、森林保護へと移っていた。それを象徴するように、享保時代に入り、森林の現状把握と監視のために尾張藩の木曽山巡見が、相次いで実施されている。

クーデター

元文三年六月、宗春が参勤交代で江戸へ赴いて留守の名古屋でクーデターが起きる。重臣が役人に緊急集合をかけ、宗春の全政策の破棄と旧来への復帰を命じた。

記録には出てこないが、タイミングを合わせて江戸藩邸でも家臣による宗春の監禁、つまり「主君押込《おしこめ》」が行われたらしい。

その根拠は、六月以降、宗春の公的な場への登場が途絶えるからだ。再び姿を現すのは八月十五日。押込から「解放」されたのだとすれば、政策を見直す約束をした見返りだったに違いない。

宗春がその約束を反故にしたからか、あるいはすでに路線が決められていたのか、翌年一月十二日、江戸城に尾張藩家老が呼ばれ、「行い正しからず、民政整わず、士民が困窮」を理由に宗春の隠居謹慎が告げられた。

翌日、将軍の正式な使いが藩邸を訪れ、宗春は幽閉された。御三家に対する厳罰は前代未聞だけに江戸の町にショックが広がった。即日、第八代藩主は尾張藩の枝藩、高須藩主の松平宗勝と決まった。

宗春はすでに政策を転換し、「主君押込」によって、さらなる見直しも約束していた。それなのに、なぜ吉宗は強攻策に出たのか。享保時代を研究してきた大石学・東京学芸大教授（五七）は「吉宗の後継をめぐり、政治が政局化していたからだ」とみる。

将軍家の血統が揺らぎ、御三家から初めての将軍となった吉宗にとって、将軍職を自分の長男へと譲っていくこ

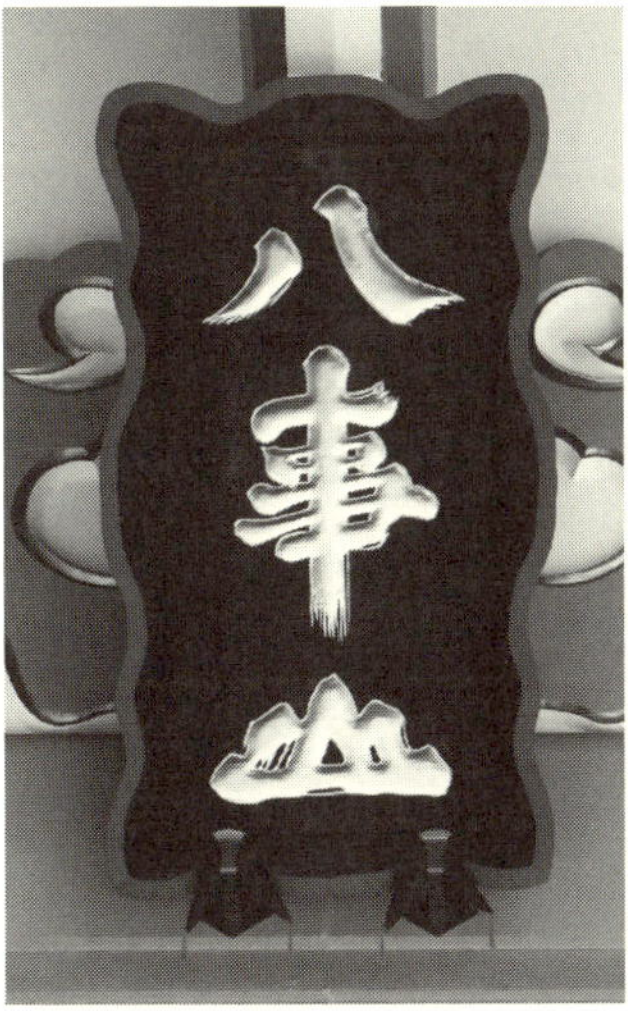

謹慎中の宗春から八事山興正寺に贈られた自筆の書「八事山」を写した額は、今も普照殿に掲げられている

とは、幕府財政の再建に劣らず困難で重要なテーマだった。

しかも、吉宗の周囲では言葉が不自由な長男・家重派と聡明な次男・宗武派に分かれつつあった。

「そのような状況で、野党勢力となりそうな人物は政局を複雑にしかねない。国民的な人気のある宗春はその筆頭と見られたのではないでしょうか」

吉宗が家重に譲位するのは六年後だ。

「たばこを吸ってもいいだろうか」

この年の九月、宗春は名古屋へ戻された。参勤交代で使う東海道ではなく、中山道を通った。二十六年前、初めて江戸へ下ったおりに通った街道だ。部屋住みで夢には縁遠くとも、あこがれの江戸へ向かう少年と、夢がついえ、故郷に帰る敗者。目の前を過ぎていく自然は同じでも、境遇は一変していた。

名古屋では当初、城内の三之丸の屋敷で謹慎蟄居を続ける。寛保三年（一七四三年）に母が死んでも葬儀への参列は許されず、宝暦元年（一七五一年）六月に吉宗が没しても謹慎は解かれなかった。宝暦四年（一七五四年）十月には現在の東区葵から代官町一帯にかけて広大な薬草園を持つ御下《おした》屋敷へと幽閉先が変更された。

宝暦十一年（一七六一年）四月、蟄居以来二十二年ぶりに外出が許され、屋敷のすぐ北にある尾張徳川家の菩提寺、建中寺へ参拝した。その後、寺院の参詣程度は許されたようだ。

当然ながら謹慎中の宗春について記録は少ないのだが、その肉声が聞こえてきそうな文書が、尾張藩ゆかりの八事山興正寺（名古屋市昭和区）で見つかった。

発見したのは川口高風・愛知学院大教授（六二）。一万三千点余の書籍・文書を伝える同寺の八事文庫を整理中に、添削の朱筆が入った寺の『由緒書』の原文に気付いた。母の命日にあたる宝暦十三年（一七六三年）九月二日に宗春が同寺を参詣したおりの詳細な様子が、後に削除される部分の中に記されていた。

宗春が住職の諦忍らに尋ねている。

「ここでたばこを吸ってもいいだろうか」

諦忍は答えた。

「瑞龍院（二代光友）様も吸ったことがあります」

その説明に、宗春は安心して煙管《きせる》をふかしている。

立ち上る紫煙の先を眺めながら、白牛の背で、誰はばかることなく長い煙管をふかし、城下を練り歩いた華やかな時代を思い出すこともあったのだろうか。

一年後の明和元年（一七六四年）十月八日、宗春は六十九歳で死去した。以来、約二百五十年間、宗春は時に金網越しに、今は平和公園の高台から、名古屋の街の変遷を見守っている。

（新聞掲載二〇一〇年九月一日〜同年十二月二十二日）

❖『温知政要』二十一条のキーワード

序文、二十一条の本文、あとがきからなり、全体で約七千字。序文には〈思うことをそのままに、漢字ではなく国字（仮名）で書きつづけ、一巻の書として家臣に与える。これは自分の本意を広く人にも知らせ、永くなし遂げる誓約の証本である〉とある。序文末尾に享保十六年（一七三一年）三月中旬の日付があり、このころ書き上げたようだ。

本文は大名としての戒めや努めるべきこと、人命の尊重などがしたためてある。一般論の形をとりながら、倹約や法規制など徳川吉宗の政治を批判している条文もある。第二十一条で部屋住み時代の仕返しはしないとあえて言及しているのは、宗春につらく当たったことがあり、宗春の報復を心配している藩幹部もいたのだろう。以下は各条の要約だ。

宗春は慈忍の間の床の間に「太陽と慈」「月と忍」の掛け軸を掛けて『温知政要』の精神をアピールした（蓬左文庫所蔵『尾陽戴公御家訓』より）

第一条　仁に加え、慈、忍の文字の意味するところをふだんから忘れないように工夫し、実践に努めている。慈は心のうちに隠していては効果がなく、隅々まで照らす太陽の徳だ。逆に堪忍は心の中にあるものだ。

第二条　歴史上の名将も二代と続かないのは、仁と慈の心がなく、民衆を救う気持ちがなかったからだ。徳川家康は寛大で慈悲深く、武家の政治となってからこんなにめでたい世はない。仁者に敵なしだ。

第三条　誤った刑罰は取り返しがつかない。千万のうちに一人誤って処刑しても大名の恥だ。

第四条　歴史上、どんなに素晴らしい人物も、後に愚かになった例は多い。慎み、戒めとしなければならない。

第五条　なまじ学問をするより、生まれつきの本心を失わないことのほうが大切だ。とくに上に立つ者は慈悲憐憫が何よりの学問だ。

第六条　すべての物にそれぞれの能力がある。松には松、ヒノキにはヒノキの使い道がある。人も同じ。不得手な仕事を任せても才能は発揮されない。役に立たないと決めつけず、いろいろな仕事で試してみるべきだ。

第七条　人の上に立つ者は自分の好みを人に押しつけてはいけない。

第八条　法令や規制が多くなるほど背く者が出て、ますます法令が多くなる。規制を少なくすれば、守るのに楽になり、法令の数を減らせば、背く者もまれになる。

第九条　倹約は家を治める基本だが、やたら省略倹約ばかりでは慈悲の心が薄くなり、人々がたいへん苦しみ、かえって無益の出費を招く。

第十条　たとえ悪いことでも、長年、身についてしまったことを直せと言われると素直にハイとは言えない。心を通わせていなければ、善意も通じない。

第十一条　昨今の若者は顔色が悪く、根気もない。育て方が悪かった。自分のするべきことを大切にすれば、心が平穏になり、健康になる。

第十二条　神社仏閣の勧進能や相撲などの見せ物を許可し、参詣路の途中にも茶店や餅、豆腐などを売る場所を許可することにする。

第十三条　さまざまな事に関心を持たないで暮らしていると、いつまでも知識が広がらず、恥をかく。日々、もの知りになるよう心がけるべきだ。

第十四条　諸芸を少々習っただけで、すっかり上手になった気になったり、自慢をしたりする者は一生上手になることはない。

第十五条　人をいさめる時は相手の年齢を考えるべきだ。若者に対しては、自分の若かったころを思い出し、ほどよく言い聞かせることが肝心だ。

第十六条　誰しも若い時には過ちを犯す。改めさえすれば、過ちは学問になる。

第十七条　倹約のご時世で消防にも十分な人をさけないだけに、いざ火事となったら集中的に人を投入しなければ、死傷者が多く出る。たとえ千金を溶かした物でも、軽い人間一人の命には代えられない。

第十八条　上に立つ者は下情に通じることが大切だ。下の実情を知らなくては慈悲の心も届かない。しかし、下情に通じて、物の値段まで知るようになると、かえって下が苦しむようになる。

第十九条　目的がどんなによくても、急な改革は人々を動揺させ、納得を得られない。一方で人々の苦痛や難儀は速やかに改めなければならない。

第二十条　改革がすべて良いと考えるのは間違いだ。自分一人の判断では危うい。さまざまな人の知恵とよい補佐役が必要だ。

第二十一条　君主は譜代と新参、男と女の違いなく平等に憐憫を加える必要がある。部屋住み時代になおざりにされたと恨みに思い、仕返しをしようなどと思うのは卑しい考えだ。

徳川宗春関係

一六九六年	第三代藩主徳川綱誠の二十男に生まれる
一七一三年	初めて江戸へ下る
一七二九年	徳川吉宗より陸奥梁川藩三万石を賜る 嫡子国丸（幼名万五郎）が生まれる
一七三〇年	兄の継友死去。第七代尾張藩主になる
一七三一年	宗春に改名。藩主として名古屋に戻る 『温知政要』発表
一七三二年	西小路、冨士見原、葛町の三廓が開業
一七三三年	闇之森八幡社で小さんと喜八の心中未遂
一七三六年	遊郭の縮小、新規芝居小屋の撤去命じる
一七三八年	重臣がクーデター

一七三九年	吉宗に蟄居謹慎を命じられる 名古屋へ戻り、三之丸の屋敷に幽閉
一七三四年	母の宣揚院死去
一七五一年	吉宗死去
一七五四年	御下屋敷へ移って幽閉
一七六一年	建中寺参詣のため初めて外出許可が出る
一七六三年	母の命日に八事山興正寺に参詣
一七六四年	六十九歳で死去。建中寺に葬られる
一八三九年	謹慎処分解かれ、従二位権大納言追贈で名誉回復
一九五二年	宗春の墓、平和公園へ移設
二〇一〇年	宗春の墓の修復完成

【コラム①】梁川藩で『東医宝鑑』安売りセール

徳川宗春が陸奥梁川藩主だった享保十五年（一七三〇年）四月、城下に示された一通の御触書を、『梁川町史六巻（資料編）』所載の庄屋文書の中に見つけた。

〈このほど医書『東医宝鑑《とういほうかん》』の価格を引き下げたので、百姓、町民によく知らせて、希望者に買い取らせるように〉

『東医宝鑑』とは朝鮮王朝で王の主治医まで務めた医師・許浚《ホジュン》が編さんした医学書だ。一六一〇年に完成し、当時の漢方医学界で最高の医学書として、本場中国でも何度も翻訳出版された。ユネスコの世界記録遺産にも指定されている。

日本では第八代将軍徳川吉宗が、その評判を知って、対馬藩を通じて入手。翻訳して全国の大名に贈呈したことが知られている。吉宗は、同書にも登場し、日本へ高額で輸入されていた朝鮮人参について、朝鮮側が門外不出としていた生根や種を秘密裏に入手し、国内栽培を試みている。つまり、『東医宝鑑』は、吉宗の医療改革の中心にあったといえる。

しかし、梁川藩の御触書のように「庶民レベルにまで販売し普及が試みられていたことは、これまで知られていなかった」と専門家は驚く。

この御触書には元がある。ひと月前に幕府が全国に出した御触書だ。ただ、文面を比較すると、梁川藩は〈百姓、町民〉と付け加え、セールの対象を明瞭にしている。筆を入れたのが宗春か、出先の役人かまではわからない。

〈価格を引き下げた〉とはいっても二十五巻で一両もする。さしずめ高度経済成長時代、教養のシンボルとして家庭の本棚を飾った世界百科事典のようなものだ。おいそれと手が出る値段ではなかったが、吉宗が同書の普及をいかに重視したか、明らかになった。しかも、それを証明したのが、後にライバルとなる宗春が治めた梁川藩だというのは歴史の皮肉だ。

そういえば、宗春が晩年、幽閉された名古屋城下の御下屋敷《おしたやしき》には広大な薬草園が広がり、吉宗から分与された種で朝鮮人参の栽培に成功したことでも知られている。この二人には不思議な縁があるようだ。

第2章　御畳奉行と歩く

百石取りの尾張藩士、朝日文左衛門。彼が書き続けた日記には特異な性格がある。市井の痴話げんかも、出奔後に物乞いとなった同僚の話も、あるいは藩の上層部の秘密も、同じニュース価値が与えられている。何事も現場へ駆け付けたくなる好奇心に加え、身分の上下を越えた幅広い情報源を持っていたようだ。今ならさしずめブログやツイッターなど最新のＩＴ技術に支えられたネットワークの中心にいるような人物ではないか。集まってきた情報をそのまま詰め込んだ猥雑さと面白さが、日記からはあふれてくる。さあ、三百年前の名古屋の町へ一緒に踏み出してみよう。

1　文左衛門、日記を始める

藩主も形無し

尾張藩士・朝日定右衛門の息子で当時数え十八歳の文左衛門は日記の一行目にこう記した。

〈元禄四年（一六九一年）六月十三日　佐分氏へ鑓《やり》げいこに行く〉

天下太平の世とはいえ、年齢からして武芸を習い始めるには遅かった。しかし、心に何か期すものがあったのだろう。その決心が、この日の夜、文左衛門を文机に向かわせた。槍の稽古は続かなかったが、日記は享保二年（一七一七年）十二月二十九日までほぼ毎日書き続けた。足かけ二十七年、約九千六百日に及ぶ。原稿用紙にすれば四千枚にもなる膨大な日記となった。

世にもまれな日記を文左衛門は『鸚鵡《おうむ》籠中記《ろうちゅうき》』と名付けた。

世にもまれ、というのはその長さ、分量のことだけではない。他人には見せない日記ではあっても、はばかるべきことを、しれっと書いているからだ。

〈宝永四年（一七〇七年）八月二十一日　石川兵庫、奥田主馬の江戸詰め重役が（藩主の）水練のために幅三間、長さ十五間の水船を造る。費用八百両余。水が冷たいので八つの大釜でぬるま湯にわかす。一度藩主が入ったが、水が漏れて役に立たなかった〉

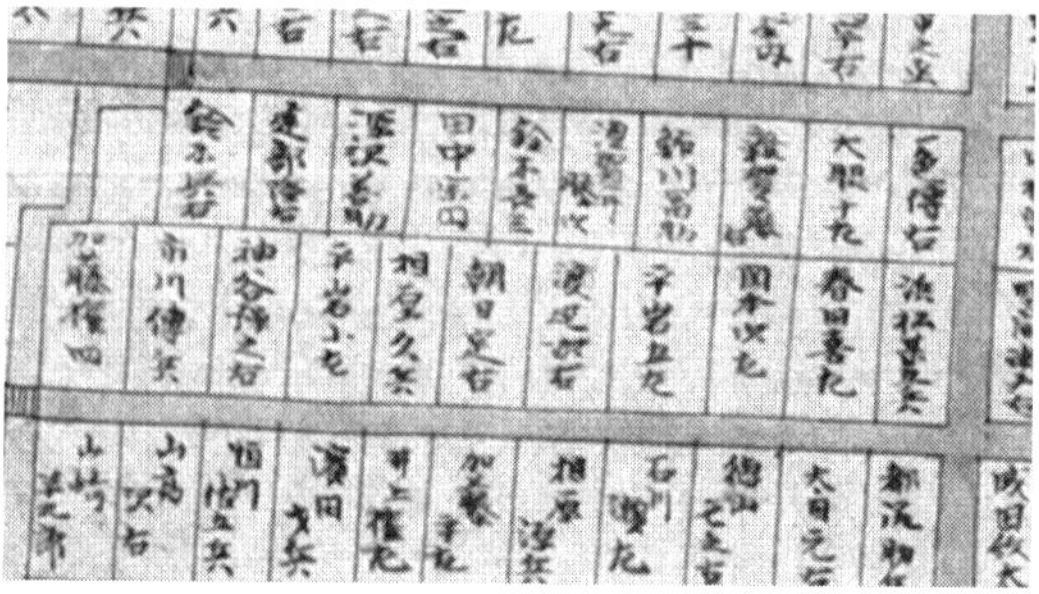

主税町筋に朝日文左衛門の屋敷が載る元禄７年の「名古屋城下図」。朝日定右とあるのは、文左衛門の父・定右衛門のこと（上が南。名古屋市立鶴舞中央図書館所蔵）

水船とはプールのこと。尾張藩の第四代藩主徳川吉通《よしみち》のためとはいえ、江戸の藩邸内にプールを造り、しかもお湯で水練させようとは、何ともばかばかしい話で、吉通自身にも不名誉なことだ。文武に優れているとの評判が高く、第六代将軍家宣の寵愛を受けて、次期将軍の候補に上ることになるのだが、これでは形無しだ。

文左衛門は名古屋にいる。しかし、江戸のさまざまな情報が驚くほど早く伝わったようだ。

「うちの殿様や重臣はいったい何をやっているんだ」

この時も、江戸詰めの藩士たちの、そんな悲憤や悲嘆が江戸から尾張にまで伝わり、文左衛門の耳に入ったのだろう。

これなどはおとなしい方だ。第三代藩主綱誠《つななり》の側室で、吉通の母、本寿院はまごうことなき淫乱な女性だった。幕府にもその事実を知られて、尾張藩は頭を抱えている。コンビニエンスストアの成人雑誌コーナーに並ぶ週刊誌なら喜んで取り上げそうなことまで、文左衛門の筆の勢いは衰えない。仮にも藩主の生母なのだ。

オウムに託して

吉通の水練であれ、本寿院のことであれ、口コミで世間を漂流するのは見過ごされても、文章に残すとなると重みが違う。藩や藩主の秘密から不名誉なことまで、たとえ私的な文書でも、下手に書き残すと、後から罪に問われることもあった時代だ。

名古屋市東区主税町４丁目に残る当時の武家屋敷の長屋門。文左衛門のご近所となる

文左衛門は抜け目がない。日記のタイトルに、人の言ったことをそのまま繰り返すことが得意な鳥「鸚籠」を登場させた。そのタイトルには、籠《かご》の中のオウムのように、見聞きしたことを何の判断もなく書き留めているだけですよ——と巧妙な釈明が隠されている。

そこには、御身大切の方便だけでなく、事実を徹底的に記録してやろうというジャーナリズム精神さえうかがうことができる。

いや、いつもそんなに格好いいわけではない。文左衛門は後に出世して御畳奉行になった。藩士に与えるポスト不足に困って新設されたような閑職のひとつにすぎないが、日記には畳原料の納入業者らから接待攻勢を受け、にんまりしている自身の姿も正直に吐露している。

その姿に、経済の高度成長に酔いしれていたころのサラリーマンや社用族と共通するものを見つけた作家の神坂次郎さん（八二）は一九八四年、『元禄御畳奉行の日記——尾張藩士の見た浮世』（中公新書）を出版してベストセラーになった。

それ以前にも研究書は出ているが、同書が『鸚鵡籠中記』を世に知らしめるきっかけをつくった。

最近、この膨大な日記に別の角度からもさまざまな光が当てられている。例えば東大地震研究所の都司《つじ》嘉宣准教授（六二）は「『鸚鵡籠中記』から宝永四年の巨大地震について学ぶ」と言う。日記には何が書かれていたのか。

2 文左衛門、宝永地震を記す

前兆現象

宝永四年（一七〇七年）十月四日、後に宝永地震と呼ばれる巨大地震が発生した。一九四四年の東南海地震（マグニチュード七・九）、一九四六年の南海地震（同八・〇）のように、南海トラフを震源域に繰り返し起こる海溝型地震の一つだが、この時は東南海、南海地震の震源域が連動し、岩盤が約七百キロにわたって一気に破壊された。マグニチュードは八・六。二〇一一年三月十一日に発生した東日本大震災（同九・〇）までは、国内では最大級の地震とされてきた。伊豆半島から九州にかけての海岸線を津波が襲い、死者は三万人以上、全壊・流出家屋四万六千戸以上と大きな被害をもたらした。

400年の歴史がある高岳院（名古屋市東区泉2丁目）。文左衛門が法事で訪れていた時に宝永地震が起きた

朝日文左衛門はこの日午前、主税町筋（現在の東区主税町）にある自宅から南西に約七百メートルの高岳院（現在の東区泉）へ法事に出かけていた。法要後の食事から酒となり、午後にはほろ酔い気分だった。

文左衛門は大地が鳴動したその瞬間を『鸚鵡《おうむ》籠中《ろうちゅう》記《き》』にこう記した。

〈東北より地鳴りがして地震。揺れはだんだん強くなり、法事の参加者は全員裸足のまま庭に飛び降りた。震動は倍になり、建物は鳴動し、大木のざわめきは嵐のよう。歩くこともできない。石塔の倒れる音もした〉

日記には、城下の被害状況の報告が続くのだが、東大地震研究所の都司《つじ》嘉宣准教授（六一）は地震の直前十日間の記述に注目する。

〈九月二十五日　晴れ、未明に少し地震
続く二十六日、二十八日にも小地震があった。この年は六月に一回、小地震があっただけで、この時の連続の地震は宝永地震の前震のようだ。

日記の二十六日の欄には〈昼、白気が南から北東にかけて立った〉という記述もある。オーロラのような現象かもしれない。さらに異常は続く。

〈十月三日　連日暖かい。昨夜からは特別で、袷《あわせ》では暑い。桃・李・梅・梨・桜が盛んに咲いている。夜、雲間で甚だしく光る。雷ではない〉

現在の暦なら十月末なのに、春の花が咲き、裏地付きの着物を着る必要もなかった。そして当日の朝にも異変があった。

〈東北に薄赤い、夏の入道雲のような雲が多く見えた〉

都司准教授は各地に残る江戸時代の日記や寺院の檀家記録などから当時の地震を調べている。とくに長年にわたる丹念な日記は「江戸時代に置かれた有感地震計」と着目した。同一人物なら揺れの強さを判断する基準がほぼ一定しているからだ。

さしずめ『鸚鵡籠中記』は精密な地震計ということになる。

「文左衛門はやがて巨大地震が来るとは夢にも思わず、結果的に前兆ともいえる発光現象などを観測し、記録している。こんなに几帳面な人がよくいたものです」

都司准教授はまた『鸚鵡籠中記』の全ページにあたり、地震の記述を数えた。伊勢神宮の神官が寛文四年（一六六四年）から二百年にわたり毎日の天候と地震について記した『外宮子良《げくうこら》館《かん》日記』とも照合した。宝永地震後は余震もあって地震の回数が増えてくるが、注目すべきは、その直前に有感地震が若干減る空白期を示していることだという。

宝永地震の爪痕

地震直後に話を戻そう。

被災記録から名古屋は震度六の強烈な揺れだったと推定されている。高岳院の庭へ飛び下りた朝日文左衛門たちは、揺れが収まるのを待った。ようやく落ち着き、座敷に戻ったところへ、「名古屋城三之丸で火事」との連絡が入った。

藩士たるもの、取るものも取りあえず駆け付けなければならない。ところが日記には〈手酌で三杯飲んだ〉とある。

経験したことのない大地震に遭遇し、身も心も打ち震え、萎縮《いしゅく》してしまった。だから、酒をのどに流し込んで、アルコールの力で奮い立とうとしたのではないか。正直に書いてしまうところが文左衛門らしさである。

しかも、城へ直行するかと思いきや、まずは主税町の我が家へ戻り、両親や妻の安全を確認した。慶長五年（一六〇〇年）の関ヶ原の戦いから一世紀余り、太平の世を生きる侍なのだ。

その後、ようやく城へ向かうが、高岳院から直行した場合より距離は二倍以上となった。

天守閣は壁土が落ち、各層の破風もちぎれ落ちんばかり。二之丸の東南角にある隅櫓《すみやぐら》は壁の下地が出るほどの被害を受けた。

文左衛門の自宅は被害がなかったが、多数の上司や同輩が被災した。幸い多くは塀が崩落した程度ですんでいた。〈広井あたりはとくに多い〉とある。現在の中区栄一丁目の堀川に近いあたりは被害が多かったようだ。ちなみに読売新聞中部支社のビルはこの地域にある。

〈地面が裂け、泥水がわき出た〉

噴砂現象が確認されたのは、東区白壁にあった妻の実家筋にあたる古田勝蔵宅の裏。その近くでは、池を埋め立てて建てた屋敷十九軒がつぶれた。庄内川に架かる枇杷島橋は中央が陥没した。

徳川家康が尾張国の首都を清須から名古屋に移し、台地の上に城と町を造った理由の一つは、清須が湿地に囲まれた低地で、水攻めに弱かったからだ。同様に地震も心配だったかもしれない。天正十三年（一五八六年）の地震では清須城下も大きな被害にあっている。

清須の町人も寺も橋もごっそり名古屋へ引っ越す「清須越し」を地質学的にいえば、地盤が弱く地震の揺れが大きくなりやすい沖積平野から洪積層の台地への移転だったことになる。

名古屋城は台地の北端に造られ、台地のへりに沿うように堀川が掘られた。武家屋敷も当初は城と同じ台地上にあったが、この当時は、台地の下にも武家屋敷が広がっていた。古田家もそんな地区にあった。

しかし、〈城下で地震による負傷者は一人もいない。死者はもちろんゼロ〉とも記している。この時点では、名古屋はまだ地震に強い安全な都市だったようだ。

文左衛門は城下だけでなく尾張国内、あるいは遠く駿府や大坂など各地の被害も細かく記録している。日付の前には「□」、小項目ごとに「○」で始めるのが『鸚鵡籠中記』の約束事だ。その「○」が地震発生当日の四日だけで約百五十にも上っている。

当然、その日の見聞にとどまらず、後日、各地の状況を知るたびに書き足していったのだろう。記述は淡々としていても、これだけの情報を集める熱意は並ではない。

ハザード・マップ

『鸚鵡籠中記』の記録は貴重な災害誌でもある。屋敷が被災した藩士たちの名前も並ぶ。被災場所と被災程度を江戸時代の古地図に落としていけば、災害マップができあがるだろう。現在の地図と付き合わせれば、どこで揺れが大きかったか、どんな被害が出たか、一目瞭然となるはずだ。

都司准教授は江戸の町を舞台に、そんな発想を実現してみせた。

過去四百年間で江戸に大きな被害をもたらした地震は、元禄十六年（一七〇三年）の元禄地震、安政二年（一八五五年）の安政江戸地震、大正十二年（一九二三年）の関東大震災の三つ。

このうち元禄地震が文左衛門の日記執筆期間と重なり、『鸚鵡籠中記』にも登場する。

〈元禄十六年十一月二十二日　江戸で大地震。甚目寺の仁王が転倒〉

観音像で有名な甚目寺（愛知県あま市）の仁王像のことだ。震源から遠く離れた尾張でも被害が出ていた。

元禄地震と関東大震災は相模トラフを震源域とする同系列の海溝型地震のうえ、大正時代の関東大震災はピンポイントで震度分布や被災状況が判明している。

「三百年前の元禄地震でも詳細な震度分布を描くことができれば、次に来る関東地震に備え、より正確な被害予測が導き出せるでしょう」

都司准教授のそんな願いをかなえるかのように、まず大名や旗本屋敷の被害状況が書かれた文献『文鳳堂雑纂変災部五十五』が見つかった。〈蜂屋主斗塀損・本宅半壊〉〈加藤伝八郎長屋損〉などと記された被害程度から、震度六弱、五強などと想定していった。

それらの屋敷がどこにあったかわかればいい。すると、元禄地震の前年に発行され、江戸の全屋敷と武士の名前がびっしりと書かれた『改撰江戸大絵図』と出合った。

この地図を丹念に点検し、『変災部五十五』に登場する旗本たちの屋敷が立ち並ぶ一画を見つけた。現在の千代田区神田神保町二丁目。

江戸時代の被災記録が現代の地図情報と重なった瞬間だ。

名古屋では、東海地震や東南海地震への備えを訴えている名古屋大学の福和伸夫教授（五二）（耐震工学）の研究室が、地図上に現代から明治、江戸へと時間軸を遡る情報を盛り込んだ「納得できる地震ハザード・マップ」作りに取り組んでいる。

地震の被害の大小はその土地の元の姿との関連が強いとされる。地震の揺れに地盤の特性が影響するからだ。台地だったのか、低湿地だったのか、近くに池があったのか、埋め立て地だったのか。アスファルトとビルに覆われて、忘れられてしまった過去へ、私たちをいざなう必要が生じる。

福和研究室が手始めに着手したのは、江戸時代の地図や景観を描いた浮世絵の豊富な東京だった。安藤広重が幕末に描いた『名所江戸百景』や同じ場所を写した大正時代の写真などを利用して、都市化ですっかり姿を変えた『百景』地点の地震リスクを明らかにした。

そして二〇一一年からは名古屋の過去の姿を明らかにする。『名所江戸百景』の代わりとなるのが『尾張名所図会』だ。風景入りの名所ガイドブックとして、天保十五年（一八四四年）に出版された。

福和教授は『鸚鵡籠中記』にも強い関心を持ち、研究室内でこの日記を読み解く担当者を決めている。地震の危険性に直接つながる被災記録が書かれていることはもちろんだが、文左衛門の行動範囲の広さが、日記を「文章による尾張名所図会」にもしているからだ。

3　文左衛門、仕事を記す

本丸に初出勤

朝日文左衛門が生きた時代は、朝日家として藩に仕えた。尾張藩御城代組同心だった父が隠居し、自分が家督を継いだと藩に認められて、初めて一人前となる。文左衛門の初出仕は二十二歳のときだった。『鸚鵡《おうむ》籠中記《ろうちゅうき》』に当日の様子を記している。

〈元禄八年（一六九五年）一月十六日　朝から、初めて本丸の警備勤務に出る。前日の当番だった三人の同心たちと交代した。同じ組には松井勉右衛門、大岡又右衛門。持参した弁当には煮物をたくさん入れ、同僚や配下の足軽七人に酒とともに分けて食べた〉

本丸の警備係は、朝から翌朝まで二十四時間の宿直勤務である。早速、将軍の上洛時の宿泊所とされ、ふだんは閉じられている本丸御殿の中をのぞくことができた。話には聞いていたが、ふすまや壁を飾る華麗な障壁画を見るのは初めてだ。

〈その端厳精美なことは一々語ることはできない〉

感動を端的に伝えている。金シャチの輝く五層七階の天守閣を、こんなにも間近で仰ぎ見たこともなかった。

〈目を遊ばせ、心を楽しませた〉
二十メートルの石垣を含め高さ五十六メートルの天守閣を満足のいくまで見つめていたのだろう。

すでに藩主の住居や執務の場所が二之丸に移って久しい。天守閣は金庫や武器庫などに使われている。本丸は関係者以外立ち入り禁止区域となっていた。初出勤の日に、貴重な建物やその内部をのぞくことができ、仕事の役得に心躍る様子が伝わる。緊張感などはなかったようだ。文左衛門たちの仕事ぶりを見守る目も少なく、気楽だったのだろう。

文左衛門たちが出仕のたびに出入りした名古屋城二之丸西側の大手二之門。当時は西鉄門（にしくろがねもん）と呼ばれた

天守閣に初めて登ることができたのは翌年の七月八日。眼下に広がる城下町を見た感想を漢詩風にしたためている。その八日後の満月の夜にも再び天守閣に登って、月見としゃれこんだ。

ワークシェアリング

本丸警備勤務は城代組同心三人と足軽七人で一つの組となる。同様の組が八つあって、八日に一回しか当番が回ってこない。その間は非番。現在なら八時間勤務の三交代で回すところで、随分楽な仕事だが、武士は戦争に備えるのが本務のため、ふだんは用がなくても、藩は必要な人数を抱えておかなければならない。事務量が少ないのに、社員が多い会社のようなもので、一つの仕事を八人で分け合っている勘定だ。

景気低迷、雇用不安の現代に声高に叫ばれるようになった、ひとつの仕事を多くの人で分かち合うワークシェアリングが、江戸時代では常識だったのだ。

朝日家の家禄は百石。城下の近郊二か村に知行地を持っていた。

『元禄御畳奉行の日記』の著者、神坂次郎さん（八二）は文左衛門を下級武士としたが、尾張藩政に詳しい林董一・愛知学院大名誉教授（八一）の見解は異なる。

「朝日家は藩主にお目見えできる格式があり、俸禄も知行地を持つ知行取り。給与方式の蔵米取りより格上で、中級武士とするのが正しいでしょう」

ただし、尾張藩士の知行の平均は二百石以上なので、正確には「中の下」と言うべきだそうだ。

林名誉教授編『新編尾張藩家臣団の研究』によると、幕末の安政元年（一八五四年）には知行五十石以上が千三百十一人、現米支給が四千六百七十七人で、藩士総数は五千九百八十八人だった。

「安政元年は赤字財政の改革のためにリストラを断行した後で、一番少ないときです」

林名誉教授によると、元禄時代はもっと藩士が多かったはずで、藩の財政支出の九割近くを人件費が占めていた。

年貢調査

俸禄百石の朝日家の知行地は、主税町筋の屋敷（現在の名古屋市東区主税町）から南西へ約六キロの長良村（同市中川区長良町）と北西へ約八キロ離れた野崎村（愛知県北名古屋市野崎）にあった。

家督相続がまだ藩に正式に認められていなかったものの、父の定右衛門が隠居を表明した元禄六年（一六九三年）から、知行地の管理は文左衛門に託されたようだ。この年から、作柄を調べる検見《けみ》のために、稲刈り前に両村へ足を運んだことや、年貢高が日記に記されている。

ここでは記述の詳しい翌年の日記をみる。

〈元禄七年（一六九四年）九月十日　日の出後に長良村へ検見に行く。総勢十六人。地元の寺に食事が用意されていた。こちらも四人が酒と焼き鳥などの料理を持参した〉

長良村に知行地を持つのは城代組の同僚ら三十二人。その半分で出かけたことになる。

作柄調査で田んぼ一坪分を刈り取ると、稲株は五十四株あった。その時である。

〈農民の中から、使った竿尺が正規より長いのではないかと不平が出た〉

長い竿を使い面積を大きくとれば、稲株の数が増え、作柄がいいことになり、年貢率が高くなりかねない。農民にとっては死活問題だ。気の済むように竿尺を確かめさせている。しかし、疑われた文左衛門たちは武士の面子をつぶされた形で、一時は一触即発の緊張感も走った。〈一厘も違いはなく、不信をきつくしかりつけた。仲間がとりなしてようやく収まった〉

この後、文左衛門たちはすっかり行楽気分となり、終日酒を飲んで帰っていくのである。もう一か所の知行地、野崎村の検見は六日後だった。夜半に母方の親類、渡辺源右衛門宅へ行き、夜食をとる。夜明け前に親類と一緒に出発した。当時の交通手段はもっぱら徒歩。目的地に朝一番で着くために、夜間の出発もまれではない。

ここでは総勢十一人が庄屋宅などに分かれて食事し、雑煮餅、ネギ、ゴボウ、ナマスなどが出た。帰宅は夜七時すぎだった。

両村の年貢率は十一月一日に決まった。長良村は四五・五％、野崎村は三六・五％。野崎村の方が地味に恵まれず、収量も少ないため、農民の取り分を確保する藩の政策から、年貢率は低く抑えられた。

江戸時代初めは六公四民と収穫の半分以上が年貢だった。尾張藩は他藩より早く正保二年（一六四五年）には四公六民とした。

『元禄御畳奉行の日記』出版の五年前に『尾張の元禄人間模様』で文左衛門を取り上げた名古屋市文化財調査委員の芥子川《けしかわ》律治さん（故人）は「尾張藩の農民優遇策」と指摘しているが、その分、武士は同じ石高の知行地でも、収入は減ることになる。また、文左衛門たちのように、作柄調査のうえで毎年、年貢率を微調整することもあった。
年貢による文左衛門の実際の年収は約四十石（百俵）となった。

4　文左衛門、家計を記す

給与カット

稲の作柄調査によってその年の年貢率を決めたため、朝日文左衛門にとって、収穫を前に知行地へ検見に出かけることは大切な仕事だったが、その原則が崩れつつあった。『鸚鵡《おうむ》籠中《ろうちゅう》記《き》』にこんな記述が出てくる。

〈元禄九年（一六九六年）十月二日　今日、野崎村に検見に行く予定だったが、庄屋が来て「この年貢率で」と願ってきたので、行くのをやめた〉

年貢率さえお互いが納得できれば、現場を踏む必要はない。農民側にとって検見に来る藩士たちの接待は大変な負担だった。文左衛門もわざわざ八キロも離れた野崎村（現在の北名古屋市）まで行かずにすんでホッとしている。

さて、知行百石、実際の年収約四十石（百俵）の朝日家だが、現在に当てはめるといかほどか。

変動はあるものの、米一石が一両とする。磯田道史・茨城大准教授（三八）は著書『武士の家計簿』の中で、米価の比較では一両が現在の五万円、大工の労賃を比較すると一両は三十万円になるとし、「現代感覚では一両三十万円が近い」という。

それに基づいて計算すれば、朝日家の年収は千二百万円になる。これで両親と妻子に下男、下女を養う。名古屋市長選に出馬し当選した河村たかしさんは「税金を払っとる方が苦労して、税金で食っとる方は極楽」との発言を繰り返し、市会議員や市職員を攻撃したものだが、八日に一日という勤務ぶりからすれば、当時の公務員である文左衛門はかなりの収入だ。

しかし、藩の財政は諸寺建立や天災、城下の火災などによって困窮してきた。第二代藩主光友は、藩士から「借り上げる」という名目で一律の給与カットを実施したが、この便利な方策を後の藩主も踏襲することになる。

『鸚鵡籠中記』の元禄十一年（一六九八年）五月二十九日の項には〈一石につき七升の上納を九升とする〉との通知が記されている。これで給与カット率は七％から九％に引き上げられた。

この年の三月、第五代将軍綱吉が尾張藩の江戸藩邸を訪問した。それに備えるために、十一万両をかけて御成御殿を新築したからだった。

絵馬の風刺

台所が苦しいと緊縮財政や倹約に走るのは今昔を問わない。第三代藩主となった綱誠《つななり》は元禄六年（一六九三年）六月、衣食住にわたる八年間の倹約令を発布し、藩士や町民のぜいたくを監視し取り締まる簡略奉行のポストを新設した。

その手足となって市中を見回った十人の足軽はおそろいの柿色の羽織を着ていたため、城下の人々は彼らを「柿羽織」と呼んで警戒した。

〈元禄六年十一月十三日　大須観音の絵馬に、虎の皮のふんどしを締めた赤鬼を、「毛皮は禁制品だ」と追いかける柿羽織が描かれていた〉

文左衛門の筆は皮肉をたっぷり含んでいる。

しかし、もっと驚くことがある。柿羽織登場から一か月余でその偽物が登場し、商家に堂々と踏み込んで、ご法度の高級帯を押収の名目で詐取していることだ。

詐欺が成り立つには、被害者が信じ込むほど、新設された柿羽織のお役目が広く知られていることが前提となる。当時の城下町は意外にも情報社会だったといえるのではないか。

ちなみに犯人の小間物屋は間もなく捕まって獄門となり、胴体は試し切りに回されたと『鸚鵡籠中記』に記し、文左衛門は偽物事件の最後まで付き合っている。

御畳奉行に昇進

〈元禄十三年（一七〇〇年）四月九日　ご城代に呼ばれて参上し、平沢清助の後任の畳奉行を

拝命した〉

朝日文左衛門、二十七歳の春だった。出世を喜ぶ文左衛門に、名古屋市博物館学芸員の松村冬樹さん（五九）（現在は蓬左文庫調査研究員）は冷や水を浴びせる。

「御畳奉行とはいっても、武家の屋敷でも使われるようになった畳の新規購入や更新を担当するいわば用度課長です。奉行の中では一番軽い役といえるでしょう」

松村さんは尾張藩の年寄、城代などの重役から、奉行、代官といった課長、係長級まで約百のポストの役職者名と任期を調べ、『尾張藩役職者の変遷について』（名古屋市博物館研究紀要第二十八巻）にまとめた。中には文左衛門の父、定右衛門が務めた天守閣の鍵を管理する御天守鍵奉行のような閑職もあった。

御畳奉行は寛永二年（一六二五年）に新設され、文左衛門で六人目。やがて畳が珍しくなくなり、享保八年（一七二三年）には、第六代藩主継友が進めた藩組織のリストラの一環で消えていく奉行職だった。

とはいえ、御畳奉行の役職手当ては年四十俵。実質的な年収が約四十石（百俵）だった文左衛門にとっては四割の増収となる。どんなに冷やかされても、この昇進は大声を上げたいほどうれしかったに違いない。朝日家の暮らしは楽ではなかったからだ。

「上司への付け届けや親戚、同僚たちへの祝儀、不祝儀はしっかりやりなさい」

これは父の定右衛門から教えられた世渡りの鉄則である。また、酒好きの文左衛門は仲間同士でよく酒を飲んだ。城下にはまだ料亭はなく、互いの家に集まることになる。そこでの話題が『鸚鵡籠中記』のネタにもなるのだから、文左衛門はたびたび同僚を自宅に招いている。

夕食の献立は一汁三菜どころか、さしずめフルコースで、ユズに似た珍果の九年母《くねんぼ》も出している。野菜は屋敷内で栽培していても、出費がかさんだことだろう。これでは生活は苦しくなる。

ところで、神坂次郎さん（八二）の『元禄御畳奉行の日記』をはじめ多くの書が、文左衛門は当初、建中寺の東、足軽クラスの長屋のあった百人町（現在の東区百人町）に住み、出世して主税町に役宅を得たとしているが、間違いだ。少なくとも父の代から、朝日家は主税町に屋敷があった。

頼母子講

臨時収入を得るため、文左衛門は互助組織の頼母子講《たのもしこう》に入った。二十人前後で講をつくり、毎回一口一両余の掛け金を払い込む。くじや入札で当選者を決め、みんなの賭け金をごっそりもらえる仕組みだ。

いずれ順繰りに全員が恩恵を受ける仕組みとはいえ、入用な時に当選するとは限らない。リスクを小さくするために、また頼母子講に頼ってしまう。

『尾張の元禄人間模様』の著者、芥子川律治さん（故人）が日記から拾い出すと、宝永元年

（一七〇四年）の時点で文左衛門は七つもの頼母子講に加入していた。

ところで、肝心の御畳奉行の仕事ぶりについて、それらしい記述は数か所のみ。それも、あっさりしている。

〈宝永二年（一七〇五年）二月二十二日　万松寺へ畳見分に行く〉

万松寺は元は織田家の菩提寺。寺院が集まった大須に移ってからも、境内が七ヘクタール以上もある大寺院だった。初代尾張藩主義直の妻、春姫の菩提所でもある。おそらく法要か何かで藩主が訪問する前に畳替えをして、そのチェックに行ったのだろうが、詳しい説明はない。

しかも、〈前夜から悪寒がしたので、昼過ぎには帰宅し、布団をかぶって〉寝てしまった。これで本当に仕事をこなしていたのか心配になる。

5　文左衛門、事件を記す

江戸の討ち入り

侍なのに、市井の事件が大好きな朝日文左衛門は、城下の心中事件や刃傷沙汰を耳ざとく聞きつけて駆け付けたり、関係者に取材したりして、『鸚鵡《おうむ》籠中記《ろうちゅうき》』に数多く登場させている。

とくに心中事件については七五調で書き進め、まるで自分が浄瑠璃の太夫になったかのようだ。

元禄六年（一六九三年）六月八日早朝、飯田町の養念寺（東区飯田町）の門前で心中があった。文左衛門宅からは直線で三百メートルほどの距離だ。文左衛門が現場にかけつけた時、女にはまだ息があった。

〈轍《わだち》の小さな水たまりにいる魚が、苦しくて身もだえするように、女は手足をけいれんさせ、哀れであった〉

赤馬に乗る吉良上野介。地元の愛知県吉良町では、黄金堤を造るなど名君と慕われている

美文調に酔っているかと思えば、その観察眼は驚くほど冷徹だ。

この事件マニアが、後に国民的な歴史ドラマへと発展する元禄最大の事件を、どのように記したのだろうか。『鸚鵡籠中記』は最初の一行をこう書きだす。

〈元禄十四年（一七〇一年）三月十四日　江戸にて喧嘩あり〉

続けて、勅使接待役の大名二人のうち一方は吉良上野介にわいろを贈ったが、浅野内匠頭は家来の進言にも取り合わなかった。それで嫌がらせを受け、とうとう我慢できずに切りつけたものの、旗本の梶川頼照に羽交い絞めにされた。内匠頭は即日切腹、上野介はお構いなし、などと、記述は内匠頭と上野介の喧嘩の理由から刃傷の様子、処分にまで及ぶ。

藩の一大事を伝える早かごは十四日夕、赤穂藩江戸屋敷を出て昼夜兼行で駆け続け、十九日未明に国元に着いた。文左衛門がこの事件を知ったのは、当然それよりは遅い。しかし、今日、私たちが「忠臣蔵」として慣れ親しんでいる事件の内容から背景まで、重要なツボが押さえられていることに驚く。

江戸城内の刃傷が正確なニュースとなって東海道を走り、一介の御畳奉行にまで伝わる時代だった。

文左衛門が事件を総括したコメントはこうだ。

〈殿中の喧嘩は是非を論ぜず、先に刀を振るった方に非がある〉

このように判断していたせいか、翌年十二月十四日、大石内蔵助らによる吉良邸討ち入りの記述は、驚くほどに簡単だ。

〈夜、江戸にて浅野内匠頭の家来四十七士、亡き主のうらみを晴らすためと称し、吉良上野介の首を取り、泉岳寺へ引きあげた〉

『元禄御畳奉行の日記』の著者、神坂次郎さん（八二）は、〈後世伝えられるように〝元禄の快挙〟と江戸八百八町が熱狂……したとは、到底、考えられない〉と書く。

もし、江戸の熱狂が事実なら、いずれ文左衛門の耳に入り、日記に取り上げないはずがないからだ。

尾張藩への波及

事件は浅野家と深い縁のある尾張藩にも波紋を投げた。広島の浅野本家は尾張出身で、豊臣秀吉の正妻、北政所の実家である。初代藩主義直の嫁、春姫は紀州を領国としていたころの浅野家から嫁いできた。

春姫に同行して名古屋に入り、そのまま尾張藩士となった浅野家家臣も多い。熊井家もそのひとつ。二代目の重次郎は討ち入りから五日後に自宅謹慎を命じられた。赤穂藩の片岡家に養子に出した次男、源五右衛門が四十七士の一人だったからだ。

名古屋市千種区の平和公園に移された片岡源五右衛門の墓（左側）と赤穂義士の石碑

重次郎の謹慎が解かれるのは翌年二月、源五右衛門らが切腹した後だった。林董一・愛知学院大名誉教授（八一）はこう語る。

「この問題で、尾張藩は幕府の処分を見ながら対処しました。文左衛門自身は忠義やら武士道などには関心がありません。知りえた客観的な事実のみを記したのでしょう」

確かに尾張藩内でも、源五右衛門ら四十七士を武士《もののふ》の鏡としてたたえる動きもあったが、文左衛門はあまり関心を示していない。

一世紀余り後の天保年間に出されたガイドブック『尾張名所図会』が城下の乾徳寺にある源五右衛門の墓（現在は名古屋市千種区の平和公園内）を紹介している。そこには、吉良邸討ち入りを伝える瓦版に息子の名前を見つけ、父親の重次郎は涙を流して喜んだと、ドラマチックな説明がつく。すでに、討ち入りを基にした歌舞伎「仮名手本忠臣蔵」は庶民の大好きな演目となっていた。芝居好きの文左衛門もそこまでは想像できなかったようだ。

6　文左衛門、豪遊を記す

行動半径

三百年後に自分の行動がすべて地図上に記され、しかも公用か私用かまで分析されることになろうとは、朝日文左衛門は夢にも思っていなかった。

東京都内の私立中学教諭・村田祐介さん（三一）は、名古屋大学大学院時代、溝口常俊教授

（六〇）（地理学）のもとで『鸚鵡籠中記《おうむろうちゅうき》』をGIS（地理情報システム）を用いて分析し、二十七年間にわたる文左衛門の行動を追った。

溝口研究室では『鸚鵡籠中記』全文をパソコンに打ち込み、データベース化した。「校正がすんでいないところがあるものの、九割は完成した」と溝口教授は言う。

このデータベースを利用して、文左衛門の行動にかかわる人物を拾い出すと、武士を中心に約千四百人にのぼる。十八世紀初めの名古屋城下図「尾府名古屋図」に出てくる武家屋敷の位置を現在の地図に落とし込み、文左衛門の行き先、立ち寄り先を地図に記入していくことが可能となった。

村田さんは目的によって文左衛門の行動を「酒食」「買い物」「葬祭・参詣・芝居見物」「公用」の四種類に分け、結婚や昇進などライフサイクルによる行動変化をみるために、二十七年間を三つの時期に分割して分析した。

徒歩だから行動圏は当然、今よりは狭く、全行動記録三千七百六十六回のうち城下が三千四百二回（九〇％）だった。当時の城下は、名古屋城を北辺とする逆三角形の形状で、一番長い所で東西約五・七キロ、南北約六・一キロ。現在の名古屋市中、中村、西、東区の一部でしかない。

最も多く訪れたのは上司の城代・冨永彦兵衛宅。

〈元禄十三年（一七〇〇年）九月二十七日　彦兵衛殿へ報酬の減俸が免除されたことのお礼に

行く〉

このように、仕事にかかわって何かというと冨永宅に顔を出しており、三百十一回にのぼった。

御畳奉行を一緒に務め、ご近所でもあった若尾政右衛門宅への訪問は百三十一回。その五五％が飲食で、気の置けない同僚だったことがわかる。

江戸は見ず

文左衛門の行動分析で、城下の外へ出た三百六十四回のうち最多は熱田神宮の七十一回。釣りや芝居見物などの遊興から知行地の野崎村（北名古屋市）への検見まで、公私ともに大半は文左衛門宅から十キロ圏内で、現在の名古屋市域やその近郊にとどまっている。

殿様を守るため、常に殿様のそばにいて、殿様と一緒に参勤交代する馬廻組と違って、朝日家が代々属してきた城代組は、殿様が帰国中も江戸滞在中も、国元で城を守るのを本務とした。文左衛門も一度として江戸へ行ったことはなかった。

このため、宿泊付きの遠出となると、伊勢参りの三回と御畳奉行としての公務出張となった京・大坂への四回、岐阜へ一回の計八回のみとなる。

伊勢参りや上方出張の七回で、行き帰りにどのルートを取ったかもわかっている。東海道唯一の海路として有名な熱田から桑名への「七里の渡し」を往路で利用したのは三回にとどまり、佐屋（現在の愛知県愛西市）から桑名まで川を下る「三里の渡し」を三回利用している。「七里の渡し」では船が伊勢湾に出るから、波も強い。これに対して「三里の渡し」では、佐屋へ行く分、遠回りになるものの、船は木曽川を下っていくために波浪の影響が少なく、船酔いをしないことが人気の秘密だった。

一回だけ美濃街道を経て中山道を通るルートを使った。関ヶ原を越えていく。今なら、名古屋から京都、大阪方面へ出かける際は、こちらのルートに近い東海道新幹線となるだろう。

300年前、文左衛門たちが参列した式年遷宮の立柱祭。正殿の柱を立てて打ち固める（1992年3月、内宮で。神宮司庁提供）

三つのルートに分かれた往路に比べて、七回の旅の復路はすべて桑名から熱田への「七里の渡し」だった。

夢の伊勢参り

江戸時代、伊勢参りといえば、死ぬまでに一度は行きたいと願う庶民の夢だった。文左衛門は三度出かけている。

初回は無役だった二十歳の元禄六年（一六九三年）三月で、人生最初の遠出にあたる。翌月には結婚を控えていた。一行は七人で、父の定右衛門や母方の伯父ら年長者ばかりのせいか、文左衛門自身はこの旅行をあまり喜んでいない。しかも、左目の激痛で外宮しか参拝できず、散々な旅だった。

二回目は二年後の元禄八年（一六九五年）四月。一月から御城代組同心として出仕し、三月には娘も生まれている。同行者は父と御城代組の同僚の二人だった。東海道から伊勢街道へと進み、三日目に、前回果たせなかった内宮や高倉山の天の岩戸を参拝した。

この時の帰路で事件が起きた。途中の宿場で買い物をしている間に乗馬した父とはぐれてしまう。追いかけても姿が見えず、落馬でもしたのではないかと気をもみながら先を急いだ。

〈汗が滝のように流れ、下着もまるで水につかったよう〉

ようやく神戸（現在の三重県鈴鹿市）で追いついた。

文左衛門の伊勢参りを詳細に検証したのが愛知県春日井市教委文化財課職員の大下武さん（六七）だ。大下さんによると、宿の出発はいつも午前五時前後。一日の旅程は三十キロ以上がざらだった。見失った父を追いかけたこの日は、小俣（三重県伊勢市）から神戸まで最長の五十四キロに達している。途中で足が棒になり、かごを雇った。「それにしても、当時の人は健脚ですね」と大下さんは驚く。

式年遷宮

三回目の伊勢参りは三十六歳の宝永六年（一七〇九年）四月。親友二人との旅だった。この年は今も続く二十年ごとの式年遷宮にあたり、文左衛門たちもこれまでとはひと味違う伊勢路の旅を期待して、伊勢の御師《おんし》に予約を入れている。

御師は神宮近くに宿坊を持ち、参拝の便宜をはかるほか、全国各地へ出かけ、伊勢講を通じて伊勢参拝を勧誘する旅行業者でもあった。文左衛門たちは外宮、内宮の参拝後、御師の手配した茶屋で昼食をすませ、遊郭の古市で上演中の歌舞伎へと案内された。観劇中に御師が手配した豪華な弁当も届いている。

翌朝六時半から始まった内宮の立柱祭への参列もかなった。正殿の建築始めとして遷宮でも重要な祭事で、『鸚鵡籠中記』は〈まことに千載の奇遇〉と喜びを表現している。

宿坊に帰ると、カツオの刺し身、タイの塩焼き、アワビの煮物などが朝食の膳に並んだ。伊勢参りはグルメを楽しむ旅でもあった。

これだけの内容だ。かなりの費用がかかったことだろう。

〈総計一両二分と百五十文使った〉

五泊七日の旅行記の最後にこの数字が書き込んである。大下さんは一文二十五円で換算し、総額二十二万八千七百五十円とはじく。『武士の家計簿』の著者、磯田道史・茨城大准教授(三八)が用いる換算ではその倍となる。この中には神宮でのお払い料も含まれるが、いずれにしても、今ならさしずめ海外旅行へ出かけたほどの出費である。

藩命の出張

大盛りのカレーライスを時間内に完食すると、タダとなったうえ名前が店の壁に張り出される。三百年後、飽食の時代に流行したのと同じようなことを、文左衛門が得意げにやっている。畳表の買い付けで京都へ出張中の正徳二年（一七一二年）四月十四日のことだ。この日も高級料亭で業者の接待を受けていた。

アワビの貝殻でつくられた大杯で、七合半の酒を一気に飲み干すと、料亭の帳面に名前を書き残すことができる。酒豪の文左衛門は早速挑戦し、見事に大酒飲みの仲間入りをした。

しかし、記帳の際、過去のうわばみたちの記録を見て、さしもの文左衛門も驚いた。

〈帳面を見ると、大半は一杯でおわり。二杯は何人かいる。三、四杯はわずかで、五杯の猛者が一人いた〉

五杯となると、一升瓶の日本酒を四本近く飲むことになる。あきれるほどの酒豪である。

文左衛門は御畳奉行拝命後、元禄十四年（一七〇一年）から正徳二年までに計四回、藩命で上方へ出かけている。いずれも京、大坂を回る二か月間の出張だが、日記に仕事の記述はほとんどない。畳表の納入業者による接待漬け状態で、料亭での飲食や遊郭に登楼した話が続く。

とくに女性にかかわる部分には「義恩蝶（祇園町）」などの当て字や「𣗄（茶屋）」のように自作のもじり漢字が登場する。

妻に日記を読まれてしまうようなことでもあったのだろうか。浮気がばれないようにしたのかどうか、苦心の理由までは触れられていない。ただ、この程度の暗号で効果があったかといえば、心もとない。

芝居三昧

文左衛門の名誉のために書いておくなら、出張の最大の楽しみは、浄瑠璃や歌舞伎の本場で、その芸を堪能することだった。

文左衛門は早くから芝居に目覚め、大須観音や若宮神社の境内、あるいは常設の芝居小屋があった橘町などで興業があると聞くと出かけていった。

「実は第七代藩主の宗春が許可するまで、名古屋では芝居小屋への武士の出入りは禁止されていました。文左衛門は家族にばれないよう魚釣りを装って家を出たり、見回りの役人に見つからないよう編み笠をかぶったりと苦労しています。出張先の上方では、何はばかることなく観劇できました」

芸能史に詳しい安田徳子・岐阜聖徳学園大教授（六二）の話である。

しかも、名古屋ではたいていの芝居小屋はまだ仮設で、よしず囲いの粗末な小屋だった。舞台を柿葺《こけらぶ》きの屋根が覆った上方の芝居小屋は、文左衛門の芝居心を満足させた。

文左衛門は大坂・千日寺の墓地で情死して有名となった男女の墓も、接待をしてくれた尾張藩出入りの業者とともに訪ねている。

〈宝永三年（一七〇六年）四月十日　備後屋八郎右衛門らと竹本義太夫の人形浄瑠璃を見る。その後、千日寺へ行った。寺の南に三勝・半七の墓があった〉

元禄八年十二月に起きた遊女と染め物屋の心中事件は、一か月後には歌舞伎で上演され、当たり狂言となっていた。文左衛門は二人の墓碑銘を書き写している。

「当時の歌舞伎、浄瑠璃は、ニュースを面白く伝えるテレビのワイドショーのようなものでした。文左衛門の芝居好きは、世の中のことなら何にでも興味を持っていたからだといえます」

安田教授は文左衛門をこう分析する。

7　文左衛門、後悔を記す

結婚生活泣き笑い

恋愛結婚をしながら離婚し、その後に再婚、子供は娘二人、浮気もそれなりに——というのが朝日文左衛門の結婚生活だ。彼は幸せだったのだろうか。

最初の結婚は文左衛門が二十歳の時で、相手は弓術の師、朝倉忠兵衛の娘、けいである。槍、居合い、鉄砲などさまざまな武術を学んだ文左衛門が一番熱心に通ったのが堀川端にある洲崎神社（名古屋市中区栄一丁目）に近い朝倉宅での弓のけいこだった。そこで師範の娘、けいを見初めたからだろう。

けいとの間には娘こんが生まれるが、結婚生活は十三年目に破局を迎えた。後継ぎの男児が生まれなかったことや、けいの激しいやきもちに文左衛門が閉口したからだ。屋敷の下女に手を出すなど、文左衛門の側にも十分責任があるのだが。

離婚から一年もたたないうちに、文左衛門は古田勝蔵の妻の妹、りよ（後にすめと改名）を家に入れた。すめたち姉妹は近郊の農家出身だったようだ。農家から武家へ直接嫁入りすることはできず、古田の家の養女という形にしたらしい。

弓術の達人の家に育った先妻のけいとは家柄もまったく違い、農家出身のおとなしい純朴な妻を期待したのだが、やがて、すめもけいに輪をかけたやきもち焼きだったことが判明する。

〈正徳元年（一七一一年）八月二十七日　すめのヒステリーが一晩中続いた〉

そんな泣き言が、毎日のように日記に並ぶことになる。『鸚鵡《おうむ》籠中記《ろうちゅうき》』の研究者たちも、その多くは男性だが、文左衛門に同情を寄せるほどだ。

夫婦同伴

しかし、溝口常俊・名古屋大教授（六〇）（地理学）は異なる視点から文左衛門の夫婦関係にメスを入れた。溝口教授らは『鸚鵡籠中記』全文をパソコンに打ち込んでデータベース化しており、これによって妻の行動を計量的に分析したのだ。

その結果、先妻のけいは日記の延べ百七十三日に登場し、百三十六日が実家や親戚宅、神社などへの外出、残りが出産や病気などけいの身体に関する記述だった。外出先で多いのが実家の五十六日、次いで文左衛門の母方、つまり義母の親戚宅四十一日で、この数字からは、里帰りで羽を伸ばすこともできたし、嫁姑関係も悪くなかったことが推測できる。

外出も、単独は四十回にとどまり、大半が義母や文左衛門と連れ立っていた。夫婦二人連れも十回ある。多人数の場合も含めると、義母同行は八五％、夫同行は七二％に上っている。また、出産のおりや天然痘を患って里帰りしたけいを、文左衛門や義母が何度も見舞っている。

後妻のすめも、日記の延べ二百六十六日に登場し、うち外出は二百四十日だった。外出先は、けいと同様に実家に当たる古田勝蔵宅（同市東区白壁）が六十九日と多く、次いで先妻の子・こんの嫁ぎ先の水野村（現在の愛知県瀬戸市）が六十四日となっている。こんに対しては母親役を十分に果たしている。

外出時の同行者でもそれは確認できる。単独は十二回のみ。夫婦二人連れ四十回、義母と夫との三人連れが六十回もあったほか、こんとの二人連れも二十七回あった。

このような妻たちの行動様式から溝口教授は、「夫婦愛や家族愛といった側面を読み取ることができるでしょう」と指摘している。

ただ、そんな愛情が永遠ではないこともまた、文左衛門の日記は示している。

最後の旅

ライトアップされた岐阜城をバックに総がらみを繰り広げる長良川の鵜飼。文左衛門は山頂からの展望と鵜飼を満喫した

享保二年（一七一七年）八月二十三日午前零時過ぎ、文左衛門は自宅を出発し、途中、同僚四人と合流して岐阜町（現在の岐阜市）へ向かった。馬に二斗樽を背負わせ、清須、一宮と休憩のたびに酒を飲んだ。だからといって行楽ではない。二十日後に第六代藩主の継友が岐阜を視察する。その宿泊先の畳を事前にチェックするという、れっきとした御畳奉行の公用だった。

ただ、仕事の記述は相変わらずあっさりしている。昼前に岐阜へ着くや早々に〈御宿となる賀島勘右エ門宅に入り、畳を見分した〉と、それだけである。賀島家は町の総年寄を務める名家で、屋敷は尾張藩岐阜奉行所のすぐ前、米屋町にあった。

文左衛門たちは「殿様の視察コースも見ておきた

い」と奉行所に言ったのだろう。この後、役人に案内をさせて、かつて山頂に岐阜城がそびえていた稲葉山（現在の金華山）に登った。軍記ものが大好きな文左衛門のことだ。戦国の世、織田信長が岐阜城から天下取りへと踏み出したことは知っている。天守閣の跡に立ち、信長にでもなった気分で濃尾平野を一望し、感慨に浸っている。

〈遠景近景の素晴らしさは表現できない。登ってくる途中の景色もよかったが、やはり山頂は格別だ〉

金華山に長良川の鵜飼をセットすれば、今日の岐阜観光の目玉コースとなる。江戸時代、藩主の岐阜視察でも、この二つは必ず盛り込まれた。当然、文左衛門たちもその夜、奉行所が仕立てた二隻の船に分乗し、かがり火をたいた六隻の鵜舟に囲まれて「総がらみ」を満喫している。

「当時、鵜飼は漁業の性格が強く、操業時間も場所も鵜匠たちが決めていました。尾張藩主の来訪時や藩が賓客を接待する時だけ呼び集められ、上覧鵜飼いをしたのです」

大塚清史・岐阜市歴史博物館学芸員（四六）が解説してくれた。観光鵜飼の最後に行われる「総がらみ」も元々は尾張藩主の船を取り囲むことだった。藩主のコースをそっくり体験できた文左衛門たちは破格の扱いだった。

名古屋城を本庁とすれば岐阜奉行所は支所。格の低い御畳奉行とはいえ、支所の役人の前では本庁風を吹かせることができた。本庁の人間の前では腰が低くなる役人気質は今とさして変わりない。

お役所と民間の関係もそうだ。藩主の宿が予定されている勘右エ門は文左衛門一行の接待にずいぶん気を遣っている。『鸚鵡籠中記』の世界がとても三百年前とは思えなくなる。

さて、文左衛門は道中で飲み、山で飲み、川で飲み、宿へ戻って飲み、朝食の際も飲んでいる。これで健康であるはずがない。

〈厠へ走り込んでしたたかに吐いた〉

父の生前、「酒に飲まれるな」とよく叱られた。そのたびに禁酒するのだが、長くはもたなかった。

正徳五年（一七一五年）六月十六日、母は死の床にあった。文左衛門は娘のこんと一緒にそばにいて見守っている。心残りだったのだろう。母は苦しい息の中で、文左衛門に二度も「酒を飲むな」と言っている。

それでも酒はやめられなかった。酔いから醒めて、母の戒めを破ったことを慟哭することもあった。すでに肝臓をやられ、肌も黄色くなっていた。黄疸症状である。

享保二年の岐阜への出張が最後の遠出の旅となる。この年の十二月二十九日を最後に『鸚鵡籠中記』の書き込みは途絶えている。机に向かうことも不可能なほど病状が悪化したのだろう。しかし、文左衛門の最期にはふれないでおきたい。機会があれば、この愛すべき侍に再会したいからだ。

（新聞掲載二〇〇九年四月一日〜同年七月八日）

朝日文左衛門の家族史

一六七四年	文左衛門生まれる
一六九三年	二十歳でけいと結婚
一六九四年	朝日家の家督を継ぐ
一六九五年	本丸御殿の警備担当で初出勤
	けい、長女こん出産
一七〇〇年	御畳奉行に昇進。役職手当は四十表
一七〇五年	けいと離婚。りよ（後にすめと改名）を家に入れる
一七〇六年	りよと正式に結婚
一七〇九年	こん、水野久治郎と結婚
一七一一年	すめ、女児あぐりを出産
一七一四年	父死去
一七一五年	母死去
一七一八年	文左衛門、四十五歳で死去

【コラム②】朝日家の朝鮮通信使見学

江戸時代、十二回訪れた朝鮮通信使が庶民に巻き起こした興奮は、今の私たちの想像を超える。五百人近い見慣れない服装をした一団が街道を練り歩く。対馬藩士も付き添っている。静々と進む大名行列と違い、こちらは笛や太鼓の音曲付きだ。

街道沿いや宿場の住人でも、通信使に遭遇するのは一生にせいぜい二度。場合によっては一度も見ることのない人もいた。朝日文左衛門が『鸚鵡《おうむ》籠中記《ろうちゅうき》』を書き連ねた二十七年間では、正徳元年（一七一一年）の第八回朝鮮通信使のみだった。当時の絵巻には、鈴なりになって行列を見守る庶民の姿が描かれている。どこからこんなにたくさんの人が出てきたのかと思うが、その謎の一端を文左衛門が明かしている。

文左衛門と先妻の間に生まれ、郊外の水野村（現在の愛知県瀬戸市）へ嫁入りしていた娘のこんが、通信使一行の名古屋到着二日前の十月三日、下男を連れて里帰りしてきた。片道約十五キロの道程だ。どこの家でも同じような状況で、みな町に繰り出し、到着前だというのに城下は異様なにぎわいだ。

当日、こんと祖母、親戚、下男たちの計十人は、午前八時には屋敷を出て、名古屋城の西、幅下（現在の西区幅下）へ向かった。美濃路を進んできた通信使の行列が城下へ入るところで待ち受けようという作戦だ。文左衛門の後妻の名前が出てこないのは臨月が近かったため。文左衛門自身は一行が分宿する寺院で待機する公務に狩り出されていた。

長蛇の行列で、宿舎への到着は、昼過ぎから夜半まで続いている。あきもせずに見守っていたせいか、こんたちが帰宅したのは午前零時近かった。

さて文左衛門だが、おとなしくしているわけがない。「みだりに書や絵をねだるな」という通達のうえ、目付けの巡回もあったのだが、その目を盗んで一行の書家や画家に頼み込み、書や絵をせしめている。こんが嫁ぎ先へ帰宅したのは八日。父の〝戦利品〟を手土産に持たせことだろう。

第3章 木曽ヒノキ物語

江戸時代初期、木曽、裏木曽の山林開発で、ヒノキが大量に伐採され、多くの城郭と都市に姿を変えた。中でも名古屋城本丸御殿は最良最高の木曽ヒノキを豊富に使ったことで知られる。やがて尾張藩は山林の保護策に転じ、かろうじて天然ヒノキの美林を現代に残した。しかし、木造文化財の修復に必要なヒノキの大樹はあるのか、各地の文化財の守り手から悲痛な声が上がる。名古屋市は再び木曽ヒノキによる本丸御殿造りに着手した。二十一世紀の御殿が子や孫へと受け継がれ、再び名古屋の至宝となる日のために、木曽ヒノキの森を守り、育て、未来に伝えなければならない。

1　国宝御殿の復元

特記仕様書

〈木材のうち桧《ひのき》材は可能な限り木曽桧を使用すること〉

名古屋市が発注した名古屋城本丸御殿復元工事で、実施設計図の特記仕様書には、ヒノキにこだわった異例の注文が記されている。より具体的に、こんな表現もある。

〈（柱や長押《なげし》など）桧の主要な化粧材の五割以上を木曽桧とする〉

延べ面積三千百三平方メートルの本丸御殿は部屋数が三十を超え、柱の数も約五百五十本に上る。設計図では柱の一本一本に、樹種に加え、四面とも柾目《まさめ》で無節、あるいは三面柾目で無節などと、品質が示されている。

工事は二〇一八年三月までの一括発注で、ゼネコンのハザマを中心とする特別共同企業体が受注、二〇〇九年一月に着工された。総額百九億七千二百五十万円に上るプロジェクトである。

武家書院造りの粋、本丸御殿の復元について、計画を推進してきた当時の松原武久市長（七一）は繰り返し「新たな木造文化財を造る」との心意気を語ってきた。このため同市の担当者は随所に木へのこだわりを見せることになった。

空襲で焼失する前の天守閣と表二之門に挟まれた本丸御殿（名古屋市提供）

この年四月に初当選した河村たかし市長（六〇）は一時、「巨費を投じる復元工事の是非を、立ち止まって考えたい」とし、六月に市民参加の公開討論会を開催した。「名古屋が誇る宝になる」と賛成意見が多かったことを踏まえて、推進にカジを切っている。

四百年前、本丸御殿の建設を命じたのは徳川家康だ。関ヶ原の戦いで天下を制した家康は慶長十五年（一六一〇年）、清須から名古屋への遷都に着手し、名古屋城の建設や城下町造りの大工事が始まった。本丸御殿は初代尾張藩主義直の居館として建てられた。室内は一流絵師による障壁画や、匠の技になる金具で飾られ、使われた木材も、長野、岐阜両県にまたがる木曽、裏木曽から切り出された最高級の天然ヒノキだった。

後に、本丸御殿は将軍の宿舎へと役割を替え、寛永十一年（一六三四年）、第三代将軍家光の上洛に合わせて「上洛殿」「黒木書院」などが増築された。その後も部分的な改修、改築が重ねられ、屋根も当初の柿葺《こけらぶ》きから瓦に変わって、明治を迎えている。

江戸時代初期の風格を残す武家書院造りとしては二条城と双璧で、一九三〇年、天守閣とともに、城郭建築では最初の国宝に指定された。内部を飾る障壁画も一九四二年に国宝に指定されている。本丸御殿は文字通り、名古屋の至宝だった。

太平洋戦争中の一九四五年五月、米軍の空襲で天守閣とともに焼失してしまったが、今回の復元では、上洛殿が完成した直後の寛永期の姿を目指す。屋根は杉板を重ねた柿葺きとなる。本丸御殿が一番輝いた瞬間だ。

ため息誘う木肌

幸いなことに、本丸御殿の焼失前に百枚を超す正確な実測図がつくられ、約千枚の写真が残っていた。室内の写真には、ヒノキ柱の柾目の木肌まで鮮やかに写っている。一八七七年の西南戦争で焼失し、二〇〇八年春に復元された熊本市の熊本城本丸御殿は、わずか数枚の写真と絵図しかなかった。

名古屋市に設計を託され、五百八十枚に及ぶ設計図を引いた財団法人・文化財建造物保存技

復元される本丸御殿のイメージ図（名古屋市提供）

術協会の春日井道彦設計主任（四五）は「名古屋城の本丸御殿は資料がありすぎて、判断に困ったほどでした」と言う。

春日井さんは、焼失前の天守閣や本丸御殿の写真集『懐古国宝名古屋城』を常に脇に置き、擦り切れるほど繰り返し見た。

モノクロとはいえ、柱の木肌の美しさにはため息がもれた。しかし、不思議なことに気付いた。素晴らしいのは、将軍のために最高の材が選ばれた上洛殿だけではない。表書院などの柱も木目が緻密で、用いられているヒノキには「格」の差がなかったのだ。平城京（奈良市）の復元朱雀門など数々の文化財を手がけてきたベテランだからこその発見だった。

格差がなかった理由について、春日井さんの推測はこうだ。

「慶長年間に本丸御殿を建てたころは、木曽の森林開発が始まったばかり。苦労しなくても、樹齢千年、直径が一メートルを超すようなヒノキを入手できました。しかし、乱伐は二十年足らずの間に木曽の山を変えていた。十八年後、将軍の宿泊所となる上洛殿増築のため、藩をあげて最高のヒノキを探したのに、慶長期に造られた表書院をしのぐことはできなかったのです」

木曽の現実

それから四世紀を経た今日、「江戸時代に負けないような木曽ヒノキの入手は困難を伴う」と春日井さんは懸念する。

木曽ヒノキの製材加工を手がけ、全国の社寺に納めてきた池田木材（長野県上松町）の池田聡寿社長（四八）は、我が山のように木曽の山々の現状に詳しい。

「四面とも柾目で無節の七寸（二十一センチ）角、長さ六メートル余の柱を取ろうとすれば、最低でも樹齢四百年、胸高の直径が七十センチ以上、末口の直径も六十センチ以上のヒノキが必要になる。そんな木曽ヒノキは年に何本も伐採されるわけではありません」

池田さんは伊勢神宮に納める遷宮用ヒノキの検品責任者を務めるほどの目利き。「そんな木曽ヒノキが見つかっても、取れる柱はせいぜい一本です」と付け加える。

しかし、復元工事の実施設計図には〈桧の主要な化粧材の五割以上を木曽桧とする〉とある。

春日井さんの設計図を基に設計や仕様を最終的にまとめたのは、市の住宅都市局営繕課。

「工期十年間の一括発注は、時間をかけて良材を入手するには都合がいいはずです」

そうはいっても、天然ヒノキは今や木曽、裏木曽の国有林の一部に生育するだけだ。林野庁中部森林管理局では、ここから切り出される樹齢三百年以上の天然ヒノキだけを「木曽ヒノキ」と呼ぶ。

一方、流通現場では「木曽檜」「木曽桧」と書いたり、「天然」とうたったり、あるいは人工林でも「木曽ヒノキ」と言ったりする。

特記仕様書の「木曽桧」は必ずしも「木曽ヒノキ」とは限らない。江戸時代の本丸御殿に負けないものにしたいという「質」へのこだわりと、江戸時代初期の豊かな木曽の山がすでに過去のものになってしまったという「量」の現実との拮抗が、この曖昧《あいまい》さを残したのではないだろうか。

2　天下人とヒノキ

火天の城

天正四年（一五七六年）、織田信長は「天下布武の本城」として安土城の築城に取り掛かった。大工の総棟梁に任じられた岡部又右衛門は隠密裏に、武田勝頼支配下の木曽に入った。天主閣の親柱とするヒノキの大木四本を探すためだった。

二〇〇九年九月に封切られた映画「火天の城」（田中光敏監督）の一場面だ。物語の設定に沿って、ちょうど一年前、長野県上松町でロケがあり、又右衛門役の西田敏行さん（六〇）、きこり頭役の緒形直人さん（四一）が、ヒノキが林立する赤沢自然休養林（国有林）内で熱演をみせた。

映画は直木賞作家の山本兼一さん（五二）の同名小説が原作。熱田神宮の宮大工から信長の配下となった実在の人物、岡部又右衛門を主人公に、安土築城を大規模プロジェクトとして描いたユニークな歴史小説だ。木曽ヒノキがプロジェクトの成否を左右することになっていた。

残念なことに、「安土城で使われた木材がどこで伐採されたかを示す記録は見つかっていません」と滋賀県立安土城考古博物館。山本さんも「木曽のヒノキにかかわる部分は小説家の創作、フィクションです」と認める。

当時、伊勢神宮や南禅寺などの社寺建築にはすでに木曽ヒノキが用いられていた。信長や又右衛門も、いつの日か、ヒノキの美林が広がる木曽をわがものにしたいと思っていたことだろう。しかし、天正十年（一五八二年）の本能寺の変で二人とも亡くなり、その思いは断たれた。天下人による木曽の領有は、豊臣秀吉まで待つことになる。

巨木を探して

山本さんの小説や映画で伐採されるのは「根元の太さが五尺（約一・五メートル）」のヒノキだ。大げさな話ではない。樹齢千年を超える大ヒノキが日本各地に生育していた。法隆寺（奈良県斑鳩町）金堂の扉は幅一メートル余、高さ約三メートルのヒノキの一枚板で、原木は直径一・五メートル以上とされる。中央部が膨らんだエンタシス様式の柱は最大直径が約七十センチ。法隆寺の昭和大修理を手がけ、「最後の宮大工」といわれた棟梁西岡常一さん（故人）は〈原木は直径二メートル前後のものが必要だった〉と著書で推測している。

映画のロケには地元の池田聡寿・池田木材社長（四八）も世話役の一人として同行した。直径一・五メートル級のヒノキは、木曽の国有林でもめったに見つからない。撮影では直径一メートルに満たないヒノキが代役に立てられた。「それでも木曽ヒノキの魅力は伝わる」と池田さんは映画の公開の日を心待ちしたが、そのシーンは、台湾の山中でのロケに置き換えられていた。本物の巨樹にこだわった田中監督が、台湾ヒノキの巨木の前で、西田さんたちの演技を撮り直していた。

しかし、池田さんはこう強調する。

「復元される本丸御殿の柱材選びでは、木曽ヒノキならではの木の味わいを尊重してほしい。四面無節にこだわるより、わずかな節ならよしとすれば、木曽は今でも十分に期待に答えることができます」

木曽ヒノキのこととなると、池田さんはついつい熱くなってしまう。

秀吉と家康

秀吉は天正十八年（一五九〇年）、小田原攻めで北条氏を滅ぼした直後、最大のライバル徳川家康を三河から関東へ国替えさせた。この時、長年木曽を支配してきた豪族の木曽義昌も利根川河口に近い下総へ移封した。木曽を自身の領地とするためだった。

秀吉は京、大坂の上方で巨大な大坂城をはじめ多くの城や神社仏閣を建造している。しかし、近畿周辺で新たな森林資源を探そうにも、ヒノキの大木はあらかた切り尽されていた。

この時点で、木曽の山に森林が豊富だったのは、山の険しさと消費地から遠く、開発が遅れたからだ。同時に、巨木の運搬は大量の人力が必要で、平和な時代でなければ、不可能だったともいえる。天下人の秀吉が木曽の開発に手をかけると、「出材量は木曽氏時代の十倍に膨らんだ」とされている。

家康も慶長五年（一六〇〇年）の関ヶ原の戦いに勝利し、天下の大勢を決めた後、抜け目なく木曽を自領に組み入れた。江戸でゼロからの都市造りを強いられ、家康もまた木材資源を押える重要性を痛感していた。

江戸城、駿府城に続き慶長十五年（一六一〇年）には名古屋城の建設が始まる。各地でも城郭や城下町の整備が進み、この半世紀は日本史上かつてない大建築ブームとなった。

春姫の化粧料

家康は元和元年（一六一五年）八月に木曽、裏木曽の山々を尾張藩に譲渡するが、その理由は、こう言い伝えられている。

この年の四月、家康の九男で、初代尾張藩主の義直のもとに紀伊浅野家から春姫が嫁いできた。家康が義直の家来に春姫の化粧料を尋ねると、「一日金一両」という。

「木曽の山をやる。ヒノキを売って、春姫の化粧料に充てればいい」

これが「春姫の化粧料」説だ。家康の親バカぶりを物語るほほえましいエピソード、でもある。

話はまだ続く。尾張藩の付家老、成瀬正成の見事な芝居で、川までおまけで付いてきたという。その芝居とは。

「木曽の山をやる」

そう言った家康に、正成は耳が遠いふりをして謝辞を述べた。

「山に加えて川までいただけるのですか。これはありがたい」

そのままひれ伏す正成。やむなく家康は木曽川も尾張藩に託すことになった。

確かに演技賞ものだが、史実は違う。家康は美濃国側も含め、すでに木曽川沿いの村々を尾張藩領に組み入れていた。中山道の戦略上の重要性を考え、木曽の山と川を一体的に尾張藩に任せるつもりだった。

同時に家康は、山奥で伐採したヒノキを木曽川河口まで流し、需要地へ搬出する一貫システムを作り上げた。そのためにも木曽川の一括支配が必要だったのだ。

なぜ春姫にちなむ伝説が誕生したのか。尾張藩政史研究の第一人者で、名古屋市史編集委員の林董一・愛知学院大学名誉教授（八二）は解説する。

「後に尾張、紀伊、水戸の御三家となる義直、頼宣、頼房の三兄弟に対し、家康は何事も公平にと気を配りました。とくに義直と駿河時代の頼宣はともに当初は同じ五十万石としたほどですから、宝の山ともいえる木曽を尾張へ譲渡するには、結婚へのお祝いだという名目が必要でした」

いずれにしても、尾張藩への木曽の山と川の一体譲渡は木曽ヒノキのその後の命運に大きく影響することになる。

御用材の謎

築城当時の姿を残す名古屋城の東南隅櫓（重要文化財）が一九五二年に解体修理された際、「木曽山村七郎右衛門」の刻銘が見つかった。山村は木曽の代官で、名古屋城に木曽材が用いられた数少ない物証となっている。

空襲による焼失を免れ、400年前の姿を残す名古屋城の東南隅櫓。木曽材が使われたことを示す刻銘が見つかっている

では、名古屋城のために木曽でどれだけのヒノキが切られたのだろうか。本丸御殿には何本のヒノキが使われたのか。城に関しては「機密」扱いが多く、明確な記録はないが、多くの人がその探求に関心を寄せ、見解を示している。名古屋城振興協会の名古屋叢書『特別史蹟名古屋城』もそのひとつ。記述を要約するとこうなる。

〈材木を運んだ経路や方法は不明だが、数量は莫大だった。『金城温古録』によれば、本丸天守御用の木材はケヤキ角物四百八本、ヒノキ同二千八十五本、マツ同九千七百九十六本、その他と合わせ三万七千九百七十四本となる〉

『金城温古録』は名古屋城に関する百科事典だ。幕末に藩命を受けた掃除中間頭、現代ならさしずめ営繕課長の奥村得義が、名古屋城に関する徹底的な調査の末にまとめた。

しかし、『金城温古録』に御用材に関する記述はないと名古屋市博物館学芸課主査の桐原千文さん（現在は蓬左文庫長）は言う。

「いろいろな資料を調べているうちに混同したり、『金城温古録』なら書いてあるに違いないと思い込んだりしたのかもしれません」

名古屋城の百科事典とされているだけに、〈『金城温古録』によれば〉という記述の影響力は大きい。あちらこちらに、そのまま引用されているケースも目立つ。検定ブームに乗って二〇〇八年二月に発刊された『名古屋城なるほどなっとく検定』もそのひとつ。

〈木材の種類や量は『金城温古録』にはっきりとしるされています〉

これも誤った歴史が一人歩きしている例、といったら大げさだろうか。

用材に関する実際の出典は『熱田之記』という古文書だった。築城責任者の作事奉行と大工頭の間でやりとりした記録が残されている。そこには使われた木材の本数は三万七千九百七十四本と記され、これは流布されてきた数字のままである。ただし、あくまで本丸の天守閣だけについての記述だった。二之丸や本丸御殿、櫓などを含めた名古屋城全体の用材となると、推測しかないのが実情だ。

城郭建築史の大家、内藤昌・名工大名誉教授（七六）は、設計図を基に天守閣に使われた材木の体積を約二千三百立方メートルと計算し、さらに全体では約二十五倍の原木が必要だったと見積もっている。

『新修名古屋市史』（資料編・近世二）の編さんのため用材に関する新史料を探していた林名誉教授は裏木曽の山守だった内木家（岐阜県中津川市加子母）の文書と出合った。

約二十年前、郷土史家の杉村啓治さん（五九）（多治見市立笠原中校長）が、同家の蔵から発見した約三万点のうちの一点だ。

〈裏木曽の川上《かわうえ》、付知、加子母の三か村に用材の命令があり、調査の結果、川上村から二万五千本を出すことになった〉

村側に残っていた貴重な記録だ。『熱田之記』の数字の三分の二にあたる。しかし、全貌をつかむにはまだ不足している。

3　荒廃する山

浮世絵の山

江戸時代初期の大建築ブームは木曽の山々のヒノキの大量伐採をもたらした。伐採量が三十万立方メートルを超えた年もある。山林の過剰利用は山の景観を変えた。

一方、戦国時代から日本の人口は急増し、百年余で倍の三千万人台に達した。庶民の家々の煮炊きや暖房の燃料は木だった。製鉄や製塩、窯業など産業の燃料もまた木だった。人口の急増は必然的に木の消費を促し、山林の荒廃を加速させた。

その影響を知るヒントは、意外なところにあった。浮世絵師歌川広重の『東海道五十三次』や木曽の山中を通る『中山道六十九次』である。

『森林からのニッポン再生』などの著書があるジャーナリスト田中淳夫さん（四九）は二〇〇八年七月、愛知県立大学で講演した際、こう指摘した。

「浮世絵に描かれている山は大半がはげ山。木もやせ地に生えるマツばかりです。江戸時代の里山は、どこもそんな風景でした」

広重だけではない。葛飾北斎が描く風景にも、緑が少ないことに気付かされる。二人の作品は必ずしも写生ではない。デフォルメもあるだろう。しかし、江戸の庶民の人気を博したのは、庶民がふだん目にし、知っている事実が二人の風景には巧みに描かれていたからに違いない。

太田猛彦・東京農大教授（森林水文学）（六六）も、江戸時代末期の各地の風景を描いた浮世絵や錦絵を取り上げて「醜い里山が広がっていた」と強調する。

木曽ヒノキ伐採量の推移

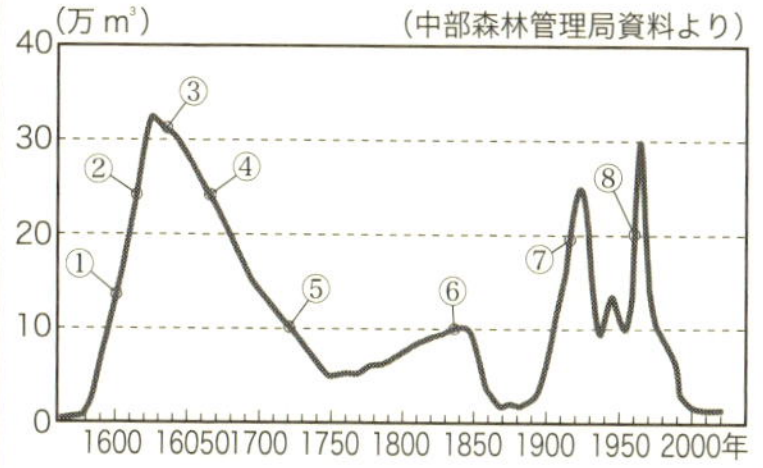

①徳川家康の所領に　(1600)
②尾張藩に譲渡　(1615)
③本丸御殿上洛殿完成　(1634)
④寛文の林政改革　(1665)
⑤享保の林政改革　(1720)
⑥江戸城西の丸用材の供出　(1838)
⑦森林鉄道完成　(1916)
⑧伊勢湾台風　(1959)

荒廃の加速

太田教授は森林資源と歴史のダイナミックな関係も語っている。

「江戸時代後半、人口の推移が横ばいとなったのは、燃料資源の枯渇も要因のひとつです。明治になり新エネルギーが登場するまで、人口の伸びは止まっていました」

江戸時代の荒廃した山々は明治末期まで放置されていた。愛知県内でも、その証拠が多くのはげ山の写真に残されている。

もちろん木曽は里山ではない。しかし「大きな木が伐採されると、焼畑化など人の手が入りやすくなる」（太田教授）のが森林の歴史だ。古代から長く日本の木造文化を支えてきた近畿の山々の天然ヒノキは姿を消している。木曽もその危険がなかったわけではない。

中部森林管理局の資料を基にして、「木曽ヒノキ伐採量の推移」のグラフができた。作成したのは山本博一・東大教授（森林計画）（五六）だ。江戸時代から最近までの伐採量をカバーし、大量伐採から保護の時代への変遷が明瞭にわかる。驚くのは明治以降にも伐採のピークがあることだ。

大正時代の一九一六年、森林鉄道が敷設されて皆伐が一気に進んだ。一九五九年は江戸時代初期にも匹敵する。この年は伊勢湾台風で大量の風倒木が発生し、その処理のために伐採量が急増したのだ。山本教授は指摘する。

「グラフが示すように、木曽の山はその時々の管理方針によって、森林の扱いがかなり変わってきたのです」

消費、枯渇、保護、再生を繰り返してきた木曽、裏木曽の国有林。近年、伐採される木曽ヒノキは最盛時の三十分の一以下、約八千立方メートルである。

内木家に残る掛け軸には、山守を務めた先祖が裏木曽の山々を巡回する姿が描かれている

山守の家

岐阜県中津川市加子母の高台に、門前にカヤの大木がそびえる屋敷がある。江戸時代に加子母村の庄屋、後に加子母、付知、川上の裏木曽三か村と信濃側の三浦山の山林を管理する「山守」を代々務めた内木家だ。現在の主は二十代目の内木哲朗さん（五〇）。曽祖父の代に東京へ出て、五十年近く空き家にしていた。大学卒業後、一人戻ってきて加子母村役場に就職し、中津川市との合併後は市林業振興課に勤務する。

二十年ほど前、郷土史家の杉村啓治さん（五九）（岐阜県多治見市立笠原中学校長）が同家を訪れた。

「尾張藩の林政改革で、十代目の内木彦七が山守として士分に取り立てられました。林政史を現地側から伝える資料があるはずです」

熱意にほだされて、二つの蔵の調査を任せると、約三万点の古文書が出てきた。以来、杉村さんを中心に文書の解読研究が進む。

「代々の山守は、一年のうち二百五十日近くは山中を歩き、盗伐の監視や山火事の防止にあたっていました」

内木さんは先祖の仕事を学び、山を守る知恵と大切さを後世に伝えていきたいと考えている。

内木文書の研究成果を伝える「山村研究」は二〇〇八年十月に二百号を迎えた。名古屋城のため、裏木曽から二万五千本を伐り出したとの文書も三万点の中から見つかった。

木一本首一つ

山守任命の背景に尾張藩の危機感がある。江戸時代初期の大量伐採によって、ヒノキが枯渇する「尽山」が木曽、裏木曽のあちこちに出現した。同藩は資源保護と回復に躍起になる。従来、入山・伐木の禁止は、鷹狩用のタカの幼鳥を捕獲する「巣山」だけだったが、寛文の改革（一六六五年）で、新たに資源保護を目的とした「留山《とめやま》」制度が導入された。

さらに、入山・伐木が許された「明山《あけやま》」でも、ヒノキとともにサワラ、アスナロ、コウヤマキが停止木《ちょうじぼく》に指定され、伐採が禁じられた。これらの木々がヒノキと似ているため、「これはヒノキではありません。アスナロです」と言われても、役人は判別がつかずにごまかされ、ヒノキの盗伐が後を絶たなかったからだという。

享保五年（一七二〇年）に始まる享保の林政改革では、ネズコが停止木に追加された。享保十五年（一七三〇年）には裏木曽に山守制度が導入され、状況をよく知る地元有力者に管理責任を負わせた。

数々の制約は木を暮らしの糧としてきた木曽、裏木曽の村民には死活問題だった。禁を破っての盗伐も後を絶たなかった。見つかれば死刑となり、「木一本首一つ」と恐れられた。

「成文法があったわけではなく、前例にならっての処罰。一方で尾張藩はこの地区を重視し、村民に数々の恩典も与えています。処罰の運用も緩くなりました」

林董一・愛知学院大学名誉教授（八二）が指摘するように、幕末にまとまった山林犯罪に関する成文法では、極刑はなく、追放や手鎖などにとどまっている。

いかだ百キロの旅

尾張藩の木曽、裏木曽支配によって、奥山で伐採した大量のヒノキの名古屋までの搬送方法が確立された。山の斜面に木を並べてスロープをつくり、その上を木材を滑らせて谷川へ落とす「山落とし」。水量の少ない谷川では堰を造って水をため、堰を壊してあふれた水とともに

錦織綱場では、木曽川上流から流れてきたヒノキを川に張った綱で止め、いかだに組んだ（1921年ごろ、岐阜県八百津町教委所蔵）

数百メートルずつ下流へと流す「小谷狩り」。ようやく木曽川に至ると、一本ずつの「管《くだ》流し」による「大川狩り」となる。

流れてきた木材は岐阜県八百津町の錦織《にしこおり》綱場《つなば》にたどり着いて止まる。藤ヅルを編んで作った直径三十センチ、長さ四百メートルの綱が何本も、左岸の河原から対岸の岩に渡してあるのだ。

ここから約百キロ先の熱田・白鳥貯木場までは、いかだに組んで下っていく。木曽節に歌われる「なかのりさん」とは、いかだを操るいかだ師のことだ。

錦織綱場の原型は鎌倉時代に始まった。集材といかだの出発点を兼ねた重要拠点として、江戸時代は尾張藩の直営となり、明治以降も官営だった。明治末には最大千人が働いていたが、一九一一年の中央線開通以降、木材輸送は徐々に鉄道へと切り替わり、一九二四年の大井ダム（岐阜県恵那市）完成でその役目を終えた。

最後のいかだ師、各務正美さんは晩年に水彩画を趣味にし、一九九五年に九十九歳で亡くなるまでに、綱場やいかだ師たちの様子を数多くのスケッチに残している。

犬山まで下った後に、カジを担いで錦織まで帰るいかだ師たち。最後のいかだ師の各務正美さんが描いた（各務貞美さん所蔵）

木曽川を使ったヒノキの流送は、水量が安定する秋口から春先までと決まっていた。約二十本のヒノキを結び付けたいかだに二人が乗り込み、暗いうちに錦織を出た。犬山までの二十一キロ、川は蛇行し、岩や瀬の難所が続いて緊張の連続だ。

「冬は寒うて、わらを持ち込み、いかだの上でたいたもんや」

各務正美さんの息子の貞美さん（六八）は父のそんな言葉を覚えている。

小中学校で社会科教師を務めた各務賢司さん（七六）（岐阜県御嵩町）も、いかだ師だった祖父・宅市さんの自慢話を聞いて育った。

「日当が土木作業員の八倍と稼ぎがよくて、嫁の来手がありすぎて困ったもんや」

各務賢司さんは後に、正美さんら多くのいかだ師に聞き取りして、『錦織綱場——木曽川筏流送の歴史』にまとめた。

犬山から先の木曽川は濃尾平野をゆったり流れる大河となり、いかだ師も替わる。四枚のいかだを連ね、笠松からはさらに五十枚近くを合体して下る。河口か

出之小路より切り出されたヒノキの大木は人海戦術で下流へと流された（三尾暁峰が描いた田口慶昭氏所蔵「江戸城西の丸用材伐木図」）

ら伊勢湾を経て堀川に入り、白鳥貯木場へ着くまでに、伐採から三百日かかることもあった。

この貯木場に天保九年（一八三八年）春、尾張藩自慢のヒノキ八万本が積まれていた。そこへ幕府から緊急の用材要請が届く。事件の始まりだった。

藩揺るがす供出材

第十一代将軍徳川家斉《いえなり》は将軍職を家慶に譲った後も、大御所として江戸城西之丸で権勢を振るった。天保九年三月、その西之丸が炎上し、家慶は父のために西之丸御殿再建を天下に号令する。通常は普請手伝いを免除される御三家も対象となり、資金・資材の提供を命じられた。

第十一代藩主に家斉の十九男・斉温《なりはる》を迎えていた尾張藩は、藩主の父のため、兄のためにと、率先して申し出た。

「白鳥貯木場に木曽のヒノキがたっぷりございます。良木をご随意に選んでください」

これを受けて派遣された幕府勘定吟味役の川路聖謨《としあきら》は念入りに貯木場を調べた。その報告が尾張藩をあわてさせる。

「貯木場の八万本のうち、使えるのは一万本のみです。主柱に使えるような大木はありませんでした」

大見えを切った以上、後には引けない。尾張藩はやむなく裏木曽に「お囲い山・出之小路」があることを明かす。

1954年に切り倒された直径2m余のヒノキ。出之小路にはまだ樹齢1000年近い大木も残っている

川路は後にロシアとの交渉で北方領土を確定するなど、日露和親条約をまとめた能吏だ。この時も動きは早い。直ちに裏木曽に出向いて調査し、樹齢が千年に近い多数のヒノキを確認した。そこで終わらず、「念のために」と木曽へも回って山林の状況をつぶさに調べ上げている。尾張藩にとっては、知られたくない財布の中身を、しかも一番知られたくない相手に調べられたようなものだった。

幕府への反発

「木曽・裏木曽を家康より譲渡されてから、幕府役人を立ち入らせたことはありませんでした。同様に木材を供出することにしていた紀州藩は、幕府の官僚に我が物顔に森林資源を調べ上げられるような仕打ちは受けていない。尾張藩に対する侮辱だと、幕府への不満が膨れ上がったのです」

林名誉教授はやがて爆発する尾張藩と幕府の関係悪化を暗示する。

裏木曽の村人にとっても災難だった。「天保の飢饉」と言われるほど凶作続きのところへ、川路一行への食事や宿舎の提供などに加え、伐採や搬出作業への労働力の提供を強いられた。

裏木曽三か村のひとつ、付知村の庄屋だった田口慶昭さん（八〇）宅（中津川市付知町）に、この時の伐採、搬出作業の様子を描いた絵巻が残っている。切り倒したヒノキの直径は人の身長ほどもある。まさに地元にとっては神の木の山だった。

山の中に設けられた作業場では、小屋から火が出たり、夜になると奇怪な明かりや不気味な音がしたりする妖怪騒ぎが続発し、木こりたちは「山の神のたたり」とおそれたという。

「村人のせめてもの抵抗だったのでしょう」

山守の末裔、内木さんはそう推測する。

うわさは江戸城にも届いた。大奥でも不審火が重なった。「山の神の怒りを鎮める」ため、幕府は尾張藩に命じ、地元に護山《もりやま》神社を創建させた。

この時の木材供出は尾張藩の財政を悪化させ、藩士は石高百石につき二両を上納させられた。

そのような苦境に陥ったにもかかわらず、幕府への低姿勢の原因でもあった藩主斉温は、生前は一度として尾張の地を踏まず、江戸藩邸でハトの飼育にふけっていた。

そのような人物を藩主に押し付けられた苦渋に加えて、ヒノキ供出で表面化した幕府にゴマをするだけの藩の重臣たちへの反発心は「幕末に尾張藩が勤皇、倒幕に加担する要因のひとつ」（林名誉教授）となっていった。

4　天然更新の森

神宮とのつば競り合い

「文明の前には森林があり、文明の後に砂漠が残る」

伊勢神宮の式年遷宮について講演する河合真如・神宮司庁広報課長（五三）は、よく十九世紀初頭のフランス人作家、シャトーブリアンの警句を引いて話を始める。

二十年ごとに、内宮、外宮の正宮と別宮をヒノキで建て替える式年遷宮は、二〇一三年に六十二回目を迎える。

「生命の連鎖、循環、豊かな自然を神に感謝する証し」

式年遷宮の本質をそう表現する河合課長は、神宮自ら米をつくり、酒を醸し、糸を紡ぎ、布

第62回式年遷宮に向けて、長野県上松町の国有林で、最初のヒノキを切り倒す御杣始祭が行われた（2005年6月3日）

を織るように、自然の連鎖のただ中に身を置くのは、「自然を征服できる」と思いがちな人間の傲慢を戒めてきたのだという。しかし、その神宮でさえ、遷宮を支えるヒノキの大木だけは、長い間、自然の連鎖の枠外に置くしかなかった。

　式年遷宮が始まった約千三百年前、ヒノキを切り出す「御杣《みそま》山」は神宮周辺にあった。しかし、鎌倉時代末までに天然ヒノキは切り尽くされ、宮川の中・上流域へと移った。室町時代には一時、裏木曽が御杣山になり、やがて戦国時代の混乱で、式年遷宮は約百二十年間の中断となる。

　天正十三年（一五八五年）の再開後は、宮川最上流の大杉山から切り出されていたが、一回の遷宮で樹齢数百年以上のヒノキの大木を約二千六百本も切り倒している。連続六回の遷宮で良材は尽き、神宮の目は再び、尾張藩領の木曽、裏木曽へと向けられた。

幕府は尾張藩に神宮への協力を命令。伐採から木曽川の錦織綱場までの搬出は、経費を含め同藩の責任となった。財政が苦しいところへもってきて、この負担命令に同藩は悲鳴を上げる。何度も御杣山の返上をもくろみ、寛政元年（一七八九年）の遷宮は、大杉山に変更となった。

御杣山の再生

大杉山は一度、見放したところだ。この時の用材確保はさんざんなものとなった。神宮は木曽への復帰を願った。

「尾張藩はなかなか首を縦に振りません。神宮の用材担当者を山へ案内し、ヒノキの枯渇ぶりを強調したりして、引き受けるのは無理だとアピールしています」

徳川林政史研究所の太田尚宏・主任研究員（四五）は式年遷宮の用材をめぐる神宮と尾張藩のつばぜり合いを説明する。

結局、幕府の指示で木曽川支流の湯舟沢山と蘭《あららぎ》山が御杣山となった。同藩は両山を遷宮用として保護していく配慮も示したが、同時に「伐採・搬出は神宮自身の手で」と宣告している。

その後の二百年、遷宮用材はすべて木曽ヒノキでまかなわれてきた。しかし、持続性のない資源の略奪である以上、いつかは尽きる。

「代わりの山はもうない」

そんな危機感から、神宮周辺の「宮域林」（約五千四百ヘクタール）で、「二十二世紀の御杣山」を目指してヒノキの植林が始まったのは一九二五年だった。ようやく神宮自身の手で、ヒノキが自然の連鎖、生命の循環の輪に加えられた。
まだ大木というのにはほど遠いが、次回の式年遷宮では「宮域林」のヒノキが約七百年ぶりに使われる。

根上がり木

海抜千メートルを超す山麓に、七百二十八ヘクタールものヒノキの天然林が広がる長野県上松町の赤沢自然休養林。江戸時代の大建築ブームの折は木曽ヒノキの供給源となった。明治以降は帝室林野局の御料林、戦後は国有林となり、一九六九年に自然休養林に指定された。森林浴の発祥地でもある。

高さ三十メートル近いヒノキは平均樹齢三百年という。十七世紀末から十八世紀初頭にかけて行われた大量伐採後、わずかに残ったヒノキの種から多くの天然実生《みしょう》が芽生えた。尾張藩の保護政策もあって、今日、私たちに大木の森を残した。

そんな森を縫う散策ルートを歩くと、まるで空中から根を張ったような不思議なヒノキに出会う。

ヒノキが落とす種は一平方メートルあたり数千粒。そのうちの一粒でも勝ち残ればいいほうだ。厳しい生存競争が待っている。この時、切り株や倒木は赤ちゃんヒノキの揺りかごとなる。「雪に埋もれず、下草にも邪魔されず。まるでモリゾーに守られたキッコロのようでしょう」

案内をしてくれた地元の池田聡寿・池田製材社長（四八）は、二〇〇五年の愛知万博で人気者だったキャラクターに例えた。

やがてヒノキの若木が切り株を包み込むように根を伸ばし、成木となる頃に切り株は朽ち果て、根元にぽっかりと穴が空く。植樹による人工造林ではありえない「根上がり木」の誕生だ。

切り株の上で巨木に育った後、切り株が腐り、根上がり木となった天然ヒノキ（赤沢自然休養林で）

困難な天然更新

実は、やせた土壌をはじめとする過酷な環境、厳しい生存競争下での天然更新こそが、年輪の目が詰まり、建築材として最上の木曽ヒノキをもたらしてきた。

しかし、赤沢でもヒノキの天然更新は順調とはいえない。アスナロなど他の樹種の勢いに負けてしまうのだ。「現在のヒノキが老衰して枯れると、アスナロの森に移行しかねない」

山本博一・東大教授（五六）（森林計画）は懸念を示す。ヒノキの生育には光が必要だが、伐採して森が明るくなるとササが繁茂し、ヒノキの幼木が埋もれてしまうこともある。

中部森林管理局は、天然更新の推進策を探るため、約二十五年前から自然休養林内の一部で伐採試験を進めている。山本教授がその現状を調べた。

「伐採地に生える天然更新木の数は、場所により十倍以上も違う。さまざまな要因が生育に大きな影響を与えています」

山本教授は、天然更新とはいえ、人の手によるサポートの重要性を強調する。

木曽ヒノキの資源量は三百三十万立方メートルで減少傾向にある。同森林管理局では五年ごとの計画で伐採量を決め、近年は年間約八千立方メートルにとどまっている。名古屋市が進める名古屋城本丸御殿の復元用材もその中から調達される。

貴重なヒノキを使う以上、御殿が完成して終わりではない。将来に貴重な森林資源を伝えるため、森づくりの責務をも背負い込んでいる。

森が支える文化財

「わたしの山に『文化財の森』をつくります」

二〇〇八年十二月七日、京都市内で開催されたシンポジウムに、百五十年、二百年の森づくりを約束した山林所有者ら約百人が集まった。市民や文化人らでつくる民間団体「文化遺産を未来につなぐ森づくりの為の有識者会議」（事務局・東京）の呼びかけに、全国から申請があり、この日、二十二か所が「文化財の森」に登録された。

シンポでは、同会議の共同代表を務める文化功労者の伊藤延男さん（八三）と法隆寺の大野玄妙管長（六〇）が「文化遺産と森の未来」をテーマに対談した。木造文化財の代表格、法隆寺と伊勢神宮を対比させつつ、大野管長はこう語った。

「寺院が神宮のように定期的に造り替えられていたら、日本の森はとっくに失われていたし、二十年ごとの式年遷宮が途絶えていたら、寺社の建築や修復の技術は伝わらなかったでしょう」

日本の木造文化財はこの絶妙な共存関係によって伝えられてきた。しかし、肝心の森は危機的な状況へ歩みを速め、文化財の補修や修復に使えるような太く長い良材の入手が年々困難になっている。

「木を守れないなら文化も守れない」

大野管長の痛切な言葉は、「新たな木造文化財を造れない」ことも意味する。築城四百年を記念して二〇〇八年に再建された熊本市の熊本城本丸御殿は、地元の九州だけでは御殿の柱などにふさわしいヒノキを調達できずに、岐阜、長野県で購入された。

二百年後に

名古屋城本丸御殿の復元も「森の未来」と無関係ではいられない。復元プロジェクトを推進してきた松原武久・名古屋市長（当時）（七一）は「新たな木造文化財を造る心意気」と繰り返し強調した。なおさら、将来の修復材確保まで考える必要がある。

同市は二〇〇八年九月二十三日、岐阜県中津川市の市有林を借りて「平成の名古屋市民の森」を開設し、松原さんと市民約二百人がヒノキや広葉樹計五千本を植樹した。各自の名前と願いをくいにマジックで書いて、それぞれが植えたヒノキの脇に立てた。松原さんは「二百年後、本丸御殿に」と書き、将来、修復に使えるようなヒノキに育てと願った。

「市民の森」は八年かけて一万本を植樹し、約八ヘクタールの森とする計画だ。名古屋市文化観光部の下山浩司主幹（四七）は「木曽ヒノキを本丸御殿に使わせてもらうので、そのお返しの意味も込めています」と語る。翌年には、長野県木曽町福島の町有林内でも「市民の森」づくりを始めた。

長年、木造建造物の文化財保護・保存に携わってきた「有識者会議」共同代表の伊藤さんはこんな希望を託している。

「復元される本丸御殿が将来、文化遺産となるために、名古屋市も二百年の森を育ててほしい。植樹して終わりではなく、文化財にとって森がどんなに大切か、市民に、またその子、孫へと伝えていってほしい」


（新聞掲載二〇〇八年九月十一日～同年十二月二十五日）

名古屋城本丸御殿と障壁画の歴史

一六〇〇年	関ヶ原の戦いで天下は徳川家康に
一六〇七年	家康の九男・義直が清須城主に
一六一〇年	名古屋城の築城始まる
一六一四年	狩野貞信ら本丸御殿の障壁画を描く
一六一五年	本丸御殿が完成。義直と春姫が婚儀
	大坂夏の陣。豊臣家滅びる
	家康が木曽を尾張藩に譲渡
一六二〇年	義直は居館を二之丸御殿に移す
一六三三年	家光上洛に備え、上洛殿の増築に着手
	狩野探幽ら上洛殿などの障壁画描く
一六三四年	家光、上洛の途上、本丸御殿に宿泊
一八六五年	家茂、長州征伐で上洛の途上、本丸御殿に宿泊
一八七二年	名古屋城が陸軍省の所轄となる
一八九三年	名古屋城が宮内省に移管され、名古屋離宮に
一九三〇年	名古屋離宮は名古屋市に下賜される
	天守閣と本丸御殿が国宝に指定
一九四二年	本丸御殿の障壁画が国宝に指定
一九四五年	米軍の空襲で天守閣、本丸御殿ともに焼失

一九五九年	天守閣の再建完成
一九九二年	本丸御殿障壁画の復元模写始まる
二〇〇九年	本丸御殿復元に着工

【コラム③】無念、竹中藤兵衛

名古屋城本丸御殿の復元工事は、ゼネコンのハザマ（本社・東京都）を中心とする共同企業体によって進められている。足かけ十年、約百十億円の大型プロジェクトだ。

この工事の入札には、もうひとつの共同企業体も参加していた。その中心にいたのが、竹中藤兵衛正高を創業者とする竹中工務店（本社・大阪市）だった。同社の創業は慶長十五年（一六一〇年）、つまり、名古屋開府の年である。

藤兵衛は織田信長の普請奉行からの転職組だ。その縁もあって、名古屋を創業の地に選んだ。天守閣から御殿、武家屋敷、神社仏閣、町家にいたるまで、城下のいたるところで槌音が響いていたことだろう。藤兵衛も築城工事に参加している。

それだけに十七代目となる竹中統一社長は「創業四百周年の記念」にぜひ復元工事を受注したかったことだろう。勝負を分けたのは入札額の三億円の差だった。

名古屋城との縁なら、ハザマにもある。戦災で焼失した天守閣と本丸御殿のうち、天守閣は一九五九年に鉄筋コンクリート造りで再建された。その工事を手がけている。今度はガラリと違って木造だ。伝統に基づいた匠の技の発揮が求められている。

第4章

美の至宝——本丸御殿障壁画

千三百面を越す名古屋城本丸御殿障壁画の復元模写事業は一九九二年に始まった。二十年かけて、ようやく半ばを超えた壮大なプロジェクトだ。模写に携わる平成の絵師たちが肉薄し、格闘するのは、天才といわれた狩野探幽ら江戸時代初期の絵師たちだけではない。和紙に載った絵具を化学変化させ、美の輝きを削り落し、古色のベールで覆ってきた四百年という時間とも戦い、克服しなければならない。その時間はまた、貴重な文化財の散逸を防ぎ、戦火から守り抜いた多くの人たちの営みの集積でもあった。

1　虎図の謎

玄関の虎

名古屋城の正門入り口から三百メートルほど砂利を踏みしめ、空堀を渡って表二之門から本丸に入ると、天守閣よりも前に、工事現場を覆う大きな素屋根が目に飛び込んでくる。屋根の下では、本丸御殿の復元工事が進められている。二〇〇九年一月に着工し、完成予定は二〇一八年春だ。

二〇一〇年十月には、玄関部分の柱組み、屋根組みが完了し、床張りや壁塗りはこれから、つまり骨と筋だけの段階で市民に公開された。玄関といっても車寄せから一之間、二之間に廊下までである。この時、真新しいヒノキの柱の美しさとともに、参観者の目を奪ったのは、壁やふすまの位置に飾られた鮮やかな復元障壁画だった。金地に何頭もの虎が描かれていた。

戦前、名古屋城は無比の美しさを誇り、一九三〇年には、天守閣と本丸御殿が城郭建築として初めて国宝に指定された。しかし、太平洋戦争末期の一九四五年五月、米軍の空襲で、天守閣、本丸御殿ともに炎上、焼失した。

御殿の各部屋のふすまや壁、障子、天井には、狩野派の絵師たちによって描かれ、一九四二

工事途中の2010年10月に公開された本丸御殿の玄関部分。復元模写の障壁画も展示された

年に国宝となった約千三百三十面の障壁画が飾られていたが、搬出できるものは事前に運び出され、貴重な文化財の大半が危うく難を逃れた。

現存する千四十九面の障壁画のうち千四十七面が重要文化財の指定を受け、時折、公開展示される以外は、名古屋城内で大切に保存されている。

しかし、このままでは時間という筆が着実に古色で画面を覆っていく。絵具の剥落や色あせが進み、すでに絵師の筆遣いや彩色の工夫が消えてしまった部分もある。

そこで名古屋市は一九九二年から、日本画家を動員し、描かれた当時のまま、色彩も鮮やかに、墨跡も生々しく描き直す復元模写に取り掛かった。模写と御殿がともに完成した後には、焼失前のように、模写作品が御殿の元あった場所にはめ込まれて公開され、武家文化の粋を伝えることになる。

この壮大な文化プロジェクトのPR役を務めてき

たのが虎だった。

多くの障壁画の中から、復元模写の最初の作品に選ばれたのが、玄関一之間東側のふすま四枚に描かれた「竹林豹《ひょう》虎図」。四肢を力強く踏みしめた勇ましい雄虎と、愛らしいしぐさの母子が描かれている。とくににらみをきかす雄虎は、本丸御殿のＰＲといえば必ず登場した。

実際、虎は本丸御殿を象徴する動物でもあった。

まだ復元されていない部分もあるので、焼失を免れた障壁画を載せた図録や、焼失前に撮影された御殿内の記録写真で、描かれている虎を数えると、子どもを含め、玄関一之間で九頭、二之間で十三頭、廊下に五頭と計二十七頭にのぼる。

元々、玄関は入り口であるとともに、隣接する表書院で藩主と対面するまでの待機場所であり、詰め所だった。名古屋城管理事務所（現・名古屋城総合事務所）学芸員の朝日美砂子さん（五〇）は、「来訪者を威圧するために、武家の玄関には、好んで勇壮な虎が描かれました」という。

時代を映す表情

模写を終えた中から、本丸御殿を象徴し、「勇壮な」虎の絵から四頭を選んで、その顔を並べた（本書一六三ページ）。

それぞれ表情は異なるが、例えば、京都市右京区の妙心寺が所蔵する狩野山楽（一五五九年

〜一六三五年）の「龍虎図屏風」（重要文化財）の虎と比べると、あまりの違いに驚かされる。目をらんらんと輝かせ周囲を威圧する山楽の虎の迫力に、本丸御殿の虎は、ただの一頭も及ばない。水を飲んだり、じゃれあったりする姿にはかわいらしささえ漂っている。

四頭の中の寝顔の虎も、戦前には「八方にらみの虎」と勇壮な呼び名があった。詳しく調べると、「目と思ったのは絵具が剥落した跡」（模写スタッフの瀬永能雅さん）とわかり、模写画では本来の温和な寝顔に戻った。

山楽が描いたのは慶長五年（一六〇〇年）の関ヶ原の戦い直後で、まだ戦国の雰囲気が残っていた。これに対し、本丸御殿が完成した元和元年（一六一五年）は大坂夏の陣の直前とはいえ、すでに天下の大勢は決していた。

また本丸御殿は、徳川家康の九男で、初代尾張藩主の徳川義直と、豊臣秀吉の正妻、北政所の実家筋にあたる紀伊浅野家の春姫の婚儀の場となり、そのまま新居となる予定だった。

そこに描かれた虎には、戦国の終焉を喜び天下太平を願う時代の雰囲気が反映したことだろう。同時に母子の絵柄を選択した背景には、新婚の義直、春姫夫妻の幸せを願う絵師の意図も潜んでいたのではないだろうか。

ところで、写真の四頭の中に、虎とは違う紋様の顔が交じっていることに気付かれただろうか。虎ではなくヒョウ。実は、本丸御殿の玄関に描かれた二十七頭のうち九頭はヒョウなのである。

模倣と独創

玄関の障壁画の画題は「竹林豹虎図」。確かに愛らしい母子は、画題通りにヒョウが描かれている。ただし、「豹虎図」という画題は後世の人が付けたものだ。学芸員の朝日さんが説明する。

「制作当時は、あくまで伝統的な画題の『竹虎図』と認識され、虎を描いていたはずです」

同じネコ科の猛獣とはいえ、虎とヒョウが明確には区別されず、絵師たちの間では、今、私たちがヒョウという獣は、虎の雌のことだと思われていたふしがあるのだ。

朝鮮半島や中国東北地方には虎やヒョウが生息していたが、日本には虎もヒョウもいなかった。虎図を描くとなると、日本の絵師たちはせいぜい輸入された毛皮を見るか、中国や朝鮮の絵を手本に、表情やポーズを工夫するしかなかった。中には猫をモデルに虎を描く苦肉の策をとった絵師もいる。

ところが、虎とヒョウの混同は決して日本だけではなかった。虎図はもとより、虎とヒョウの混同まで中国や朝鮮から輸入されたようなのだ。

二〇一〇年一月、京都市北区の高麗美術館で開催された「朝鮮虎展」では、それを裏付けるいくつかの証拠が示された。そのひとつが、ちょうど四百年前の一六一〇年に編さんが完成した朝鮮の医書『東医宝鑑《とういほうかん》』だ。

編さんにあたったのは朝鮮王朝の宮廷医官で、王の主治医まで務めた許浚《ホジュン》。当時、東アジアで最高水準の医学書とされ、漢方の本場・中国でも何度も版を重ねた。日本では第八代将軍の徳川吉宗が対馬藩を通じて入手に努め、常に座右に置くとともに、国内への普及に努めた。

同書の動物の薬効を記した箇所に「虎骨」「豹肉」などが登場する。ハングル表記では虎は「カルボム」、ヒョウは「ピョボム」とされている。高麗美術館研究員の片山真理子さん（三六）が指摘する。

「ボムだけでも虎のことですから、虎やヒョウを間近に見る機会のあった朝鮮でも、同じ仲間と考えていた可能性があります」

中国、朝鮮には縁起のいい伝統的な絵柄として、吉兆を知らせる鳥、カササギと虎を描いた「鵲虎図《じゃっこず》」がある。「朝鮮虎展」では、虎の代わりにヒョウが描かれた中国や朝鮮の「鵲虎図」も展示された。

「中国語では『吉兆を報じる』の報と豹の漢字の発音がともにバオ。そこで、ヒョウを描き、絵柄自体に『吉兆を報じる』の意味を込めたのです」

片山さんの解説を聞くと、日本に伝来したこれら変則の「鵲虎図」に接した日本の絵師たちの困惑ぶりが想像できる。

片山さんはさらに興味深い事実にも言及した。

「日本のように、虎とヒョウを夫婦として描いた例は、朝鮮にはないでしょう」

本丸御殿障壁画の中で躍動する虎やヒョウは、確かに大陸文化の模倣である。同時に、ここにもまた日本人が模倣の中で独創を発揮してきたことを示す証しがあるのかもしれない。

伊藤若冲の釈明

〈本来なら写生すべきだが、日本にはいないので、中国の絵師が描いた絵をまねするしかない〉

こんな釈明を付けて虎を描いたのは、鮮やかな色彩、精密な写生の「動植綵絵《どうしょくさいえ》」などで知られる江戸時代中期の絵師、伊藤若冲《じゃくちゅう》（一七一六〜一八〇〇年）だ。

高麗美術館の「朝鮮虎展」では、若冲が虎を描く際に手本にした京都北区の正伝寺《しょうでんじ》に伝わる羅某筆「猛虎図」と、若冲の模写した水墨画の「竹虎図」（金閣寺所蔵）が並べて展示されていた。原画にある古木の代わりに風になびく竹を描き、原画離れを試みている。

正確にいえば、釈明が付けられた若冲の虎はこの「竹虎図」ではない。江戸絵画の収集で知られる米国のプライスコレクション所蔵の「猛虎図」の方で、片山さんによると、

「虎のポーズはどちらの模写図も原画そっくりですが、プライスコレクションの方は原画と同様に色も塗り、背景の古木も丁寧に写しています」

という。

それにしても、本丸御殿の「竹林豹虎図」のように、日本では虎には竹の組み合わせが圧倒

的に多い。古くは法隆寺の玉虫厨子に描かれた捨身飼虎図にまで遡ることができる。若冲が模写する際、一方には竹を選んだのも、そのような流れに合わせたのだろう。

これに対し、手本となった中国や朝鮮の虎図では大半が松だ。なぜ日本では「虎に松」が定着しなかったのか。本丸御殿障壁画に限れば、松は別の動物との組み合わせで描かれるから、といえそうなのだが、ここでも模倣と独創が混在しているのだろうか。この問いに対する明快な答えは、まだない。

見せ物も「虎に竹」

本物の虎はもちろんのこと、御殿や寺院に飾られた虎図も、庶民はめったに目にする機会がなかっただろう。それでも、ユニークな縦縞の毛皮の猛獣のことはよく知られていた。尾張藩の御畳奉行だった朝日文左衛門の日記『鸚鵡《おうむ》籠中記《ろうちゅうき》』には、大須観音の絵馬に虎皮のふんどしを締めた赤鬼が描かれていた、とある。

実際、虎の皮なら、庶民でも本物を見る機会がある。将軍の交代のたびにお祝いで来日し、大坂、京都、名古屋を経て東海道を往復した朝鮮通信使の行列だ。正使らの乗った輿《こし》には虎の毛皮が敷かれていた。将軍への献上品にも虎の毛皮が含まれており、誇らしげに見せていくこともあった。

参勤交代の大名行列とちがって、鳴り物入りで進む行列を、庶民は沿道で堂々と見物し、楽

玄関一之間、二之間の「竹林虎図」「竹林豹虎図」復元模写より四頭の顔（名古屋城総合事務所所蔵）

作者は不明だが、本丸御殿で一番有名な「竹林豹虎図」の復元模写
（名古屋城総合事務所所蔵）

宗家として狩野貞信が描いたとされる表書院上段之間のふすま絵「松竹禽鳥図」（名古屋城総合事務所所蔵）

大須でヒョウを虎と称して見せ物にした（猿猴庵「絵本 竹の春」の転写本＝個人蔵＝より）

ブラントが称賛した対面所次之間の「風俗図」復元模写の一部。子どもたちが球技を楽しんでいる（名古屋城総合事務所所蔵）

しむことができた。

「おい見たかい。正使が尻に敷いているのが虎の毛皮らしいぞ」

名古屋城下の街角でも、そんな会話が交わされたのではないだろうか。

庶民の前に「生きた虎」が登場するのはずっと後で、名古屋では文政十三年（一八三〇年）、大須の清寿院境内に虎の見せ物が出た。現在ならフォトジャーナリストとでもいうべき尾張藩士の高力猿猴庵《えんこうあん》が、得意の絵筆を振るって、その様子を『絵本 竹の春』に描いている。

しかし、猿猴庵が描いた虎は明らかにヒョウ。猿猴庵の研究者で、名古屋市博物館の学芸員、山本祐子さん（五四）によると、「猿猴庵自身はインチキだとわかっていた」が、庶民は「これも虎」と信じていた。

見せ物の興行主はしたたかな商売人だ。入場料五十文、生き餌のハト代三十六文、そのうえ、お土産の虎の絵を十二文で売った。

この興行主は絵心も持っていたようだ。その証拠に、オリは竹で作られていた。「虎には竹」。しっかりとツボを押さえている。

2　狩野派の絵師たち

誰が描いたのか

名古屋城の本丸御殿で、小さな天井板絵を含め千三百面余もの障壁画を描いたのは誰なのか。障壁画が建具の一部でもあることから、絵師とはいっても職人のように見られていた時期があり、とくに武家にかかわる建物の障壁画に署名は許されなかった。このため時代を経るにしたがって、注文主だった尾張藩でも、いつの間にか描いた絵師がわからなくなった。十九世紀に入ると、藩主の命令でお抱え絵師や町絵師を動員して、度々絵師特定のための調査が行われている。

現在では、慶長の御殿造営の際も、寛永の増築の際も、ともに日本最大の専門画家集団、狩野派の複数の絵師が手分けして担当したことが判明している。しかし、そのうちの誰がどの絵を描いたかとなると諸説がある。

名古屋城管理事務所編『本丸御殿の至宝重要文化財名古屋城障壁画』（二〇〇七年発刊）は有力候補者に、狩野派の貞信、長信、甚之丞《じんのじょう》、探幽、杢之助《もくのすけ》と五人の名前を挙げるが、このうち担当した絵までほぼ確実とされているのは狩野貞信と狩野探幽だけで、まさにミステリーだ。

狩野派の祖は、室町幕府の御用絵師となった狩野正信（一四三四〜一五三〇年）だ。血族を中心に絵師集団をつくって精力的に障壁画を描き、内裏や寺院などの空間を埋めていった。ダ・ヴィンチ（一四五二〜一五一九年）やミケランジェロ（一四七五〜一五六四年）が教会や礼拝堂に巨大な壁画を描いていたイタリアのルネサンス期に重なる。遠く洋の東西で分かれながら、絵師たちの創作活動の舞台が似通っている点が面白い。

画壇の中で狩野派の優勢を決定付けたのは、狩野永徳（一五四三〜一五九〇年）だった。血なまぐさい戦国時代から活気に満ちた安土桃山時代へと移る中で、気宇壮大な障壁画を描き、織田信長や豊臣秀吉の寵愛を受けた。

安土城天主閣の最上層に信長の望む障壁画を描いたのも永徳だ。秀吉の命を受けて描いた「唐獅子図屏風《からじしずびょうぶ》」（宮内庁三の丸尚蔵館収蔵）は、近世絵画の代表作のひとつとして、「皇室の名宝」となっている。

しかし、パトロンが特定の権力者に偏ると、時代の転換期には没落しかねない。本丸御殿障壁画復元模写の指導にあたっている日本画家・加藤純子さん（六一）は、「狩野派には乱世を生き抜く戦略があった」という。

敵対する大名の双方に絵師を派遣したり、依頼主の好みに合わせたりといった知恵を発揮した。関ヶ原の戦い以降、天下が徳川へと動きだす中でも、狩野派は見事に家康への接近に成功している。

名古屋城本丸御殿の障壁画についても、築城計画全般を指揮した家康から依頼が舞い込んだ。狩野派側の記録『狩野五家譜』は〈貞信が尾張名古屋城の仕事をおおせつかった〉と明記している。

しかし、このころ、同派の基盤が揺らいでいた。『狩野五家譜』に出てきた貞信（一五九七～一六二三年）は六代目宗家だが、早くに父の光信を亡くし、当時はまだ弱冠十八歳だった。祖父・永徳のような天賦の才にも恵まれていなかった。

狩野派は貞信を支えて、家康の期待に応えようと、長老格の親族や高弟たちも一緒に、京都から名古屋へと派遣したとみられている。問題は、誰がどの部屋を描くかだった。

格式で描く

御殿を構成する建物や部屋にはそれぞれ格式がある。元和元年（一六一五年）に完成した名古屋城本丸御殿では、一番格が高い部屋は「御広間」とも呼ばれた表書院だった。広間は武家の正式な対面の場に用いられたからだ。中でも、藩主の座となる上段之間が最高の格付けだった。

室町から江戸時代にかけての約四百年間、画壇の中心で活躍した狩野派は、格式を重視した。描かれる画題、描く絵師も、その格式で決まった。

画題では山水を最高位におき、人物、花鳥、走獣の順に格が下がる。玄関の一之間、二之間に虎が描かれたのも、来訪者を威圧する狙いのほかに、格の低い部屋には、画題も走獣がふさわしいとされたからだ。

一方、名古屋へ駆け付けた狩野派の絵師たちの中で一番の格上は六代目宗家の貞信だった。まだ十八歳で、技量は同行した先輩たちに及ばないとはいえ、最高の格付けの絵師が最高の格付けの部屋の障壁画を描かねばならない。記録はなくても、貞信が表書院上段之間を描いたとされているのは、同派のこのような約束が根拠になっている。

根拠はそれだけではない。貞信にとっては不名誉なことだが、彼が描いたとされるふすま絵「松竹禽鳥図《まつたけきんちょうず》」の評価もまた裏付けの材料となっている。名古屋城管理事務所の学芸員、朝日美砂子さん（五〇）は「物足りなさを感じざるを得ません」と手厳しい。

これに対して、有名な「竹林豹虎《ひょうこ》図」が描かれている玄関一之間は、永徳の弟で、ベテランの狩野長信（一五七七～一六五四年）の担当だろうとされている。二之間の虎は、顔の表情や毛並みの描き方が一之間より劣り、別の絵師の手になるようだ。

ともかく貞信は一族を率いて本丸御殿の障壁画を完成させ、宗家として最初の大役を果たした。しかし、その足元では、権威を揺るがすような動きが始まっていた。

その中心にいたのが、五歳下のいとこ、狩野探幽（一六〇二～一六七四年）だった。幼くして天賦の才を発揮し、「永徳の再来」ともてはやされていた。父の狩野孝信（一五七一～一六一八年）は探幽を引き連れて徳川家康や秀忠に拝えつさせ、熱心に売り込みを図っている。おかげで、探幽はわずか十六歳で徳川幕府の御用絵師に取り立てられた。

貞信は悔しい思いをしたことだろう。二十七歳で亡くなる直前、病床で遺書をまとめ、探幽はじめ狩野派の主だった絵師たちに誓約の署名をさせた。

〈幕府の御用で障壁画を描くとき、広間を担当するのは宗家〉以前なら言うまでもない一文が遺書には入っていた。

3 将軍の御殿

家光への恭順

元和元年（一六一五年）、初代尾張藩主の徳川義直と春姫は完成したばかりの本丸御殿で婚儀を行い、御殿を二人の新居兼執務場所とした。しかし、手狭なこともあって元和六年（一六二〇年）には新築した二之丸御殿に引っ越してしまった。その後、本丸御殿は将軍上洛時の宿舎として使うことになり、ふだんは閉ざされることとなった。

寛永十年（一六三三年）、義直は本丸御殿の大改造に着手する。一年後に第三代将軍家光の三度目の上洛が決まり、その迎賓館とするためだった。

当初の本丸御殿では、公の場所である表書院や対面所の北に義直夫妻のプライベートな空間、「奥」の建物が並んでいた。寛永期の工事では、奥を取り壊し、対面所西側に上洛殿や御湯殿書院、黒木書院などを増築した。迎える将軍を意識し、上洛殿上段之間を筆頭に柱から建具、内装に至るまで最高の品質や豪華さが追求された。

しかし、疑問がわく。本丸御殿が将軍宿舎へと転用された後、第二代将軍の秀忠と家光の父子が使っている。なぜこの時だけ特別な対応をするのか。しかも、翌年の上洛を控え、幕府は「将軍のために新規の建築はしないように」との通達を沿道の諸藩に出している。

「本丸御殿の完成からすでに十八年が経過し、補修が必要になりました。すでに工事に取りかかっています」

尾張藩は幕府にこう釈明して、増築工事を強行した。

名古屋城研究の大家、城戸久さん（故人）が『名古屋城史』（一九五九年、名古屋市編集）で疑問に答えている。

当時、家光と義直の関係が悪化し、謀反の風説さえ流れた。このため、恭順の姿勢を示すには、精いっぱい歓待する必要があったというのだ。

義直は家康の九男、紀伊藩の頼宣《よりのぶ》は十男、水戸藩の頼房は十一男で、第二代将軍の秀忠とは兄弟、第三代将軍の家光とは叔父、おいの関係だ。御三家に細かく気配りをした秀忠と違って、家光は「生まれながらの天下人」。御三家の家臣扱いを推し進め、何かにつけて御三家筆頭の義直とあつれきが生じたという。

尾張藩史の泰斗、林董一・愛知学院大学名誉教授（八二）は、学問好きな義直が到達した「勤王思想」が、武家の頭領、将軍家とのあつれきの背景にあったと見る。唯一残る義直の肖像は、兄弟と比べ学者の風貌《ふうぼう》を伝えている。

名古屋城総合事務所の前身、名古屋城管理事務所の学芸員第一号だった奥出賢治さん（六四）（現・蓬左文庫嘱託）は戦後、焼失を免れたふすまの解体修理をした表具師から驚く事実を聞かされた。

「上洛殿上段之間のふすまだけ、中に綿がびっしりと詰めてありました。このためふすまが異様に重くなって、ふすまの底には、楽に開け閉めができるように戸車が付いていました」

綿によって刀も槍も通りにくくなり、中にいる将軍にとっては安心感が増すことになる。鍵も内側から掛けられるようになっている。奥出さんは城戸説を思い起こした。

「そこまで気を回さねばならないほど、義直と尾張藩は家光に対してピリピリしていたのか」

最高の絵師

徳川家光の上洛に合わせた本丸御殿の増改築は、尾張藩にとって幕府への恭順を示す必死のプロジェクトだった。その室内を飾る障壁画も、ふさわしい人物に描かせなくてはならない。同藩が選んだのは幕府の御用絵師、狩野探幽だった。

狩野派宗家の貞信が、探幽、長信ら狩野派の主要メンバーを病床に呼び寄せ、「宗家尊重」を誓わせたのは元和九年（一六二三年）。しかし、京を出て江戸に一家を構えた探幽は、徳川秀忠、家光に重用され、次々と大きな仕事をこなした。京都の二条城二之丸御殿、続いて再建された大坂城の本丸御殿障壁画（焼失）も、探幽が中心となって描いた。貞信の遺言では宗家が描くとされた「広間」も、探幽が担当している。

尾張藩もまた幕府が認めた「最高の絵師」に頼むしかなかったろう。同藩の公式記録『事蹟録』では寛永十年八月に〈御成書院（上洛殿）は狩野采女《うねめ》（探幽）に、そのほかの座敷は狩野杢之助に命じた〉とある。杢之助《もくのすけ》（生没年不詳）は狩野派の高弟の一人だ。

許された期間は一年もない。上洛殿だけでも六室ある。一人の絵師だけですべてのふすまや壁、天井を絵で埋めるのは至難で、実態は工房による制作だった。尾張藩にとって幸運があった。

「探幽の工房の弟子たちが、探幽の目指す新しい障壁画を理解し、その手足となることができる時期だったのです」

狩野派作品の収集で知られる東京・板橋区立美術館の安村敏信館長（五七）がそう解説する。

「二条城では祖父の永徳を知る長老たちがいて、頭を押さえられ、必ずしも自分の描きたいものではなかった。大坂城で初めて新時代の障壁画に挑戦したのでしょう。そこで弟子たちも訓練され、名古屋では思い切って描くことができたはずです」

探幽たちの名古屋のアトリエがどこにあったのか、どんな様子だったかを記した記録はない。作品を実際のふすまや壁の通りに並べながら、できばえを確認する必要があり、相当な広さが必要となる。城内の屋敷、あるいは城下の寺院の本堂でも借りたのかもしれない。

それから約二百年後の狩野晴川院養信《せいせんいんおさのぶ》（一七九六〜一八四六年）が残した『公用日記』に、御用絵師の仕事ぶりが紹介されている。

養信は天保期の江戸城西之丸御殿障壁画制作を引き受けて、三十人近い絵師を集め、自宅敷地に六十四畳のアトリエを仮設した。『日記』には、天保十二年（一八四一年）十月、第十二代将軍の家慶が仕事ぶりの視察に来た様子を描いた貴重なスケッチもある。この年一月に亡くなった家慶の父で第十一代将軍の家斉《いえなり》は絵画が好きなことで知られ、養信の下絵にいろいろな注文を付けてきたことも書かれている。

尾張藩主の義直も、探幽にあれこれ注文を付けたのだろうか。

閉ざされた御殿

徳川幕府代々の将軍の公式記録『徳川実紀』のうち、家光に関する『大猷院殿御実紀《たいゆういんでんごじっき》』は、寛永十一年（一六三四年）の上洛を詳しく記している。

総勢は三十万七千人余にのぼり、出発するだけでも、六月十一日の先発隊から二十日の家光本隊まで十日も要するほどだった。祖父の家康以来、確固たるものへと打ち固めてきた幕府の権威を世間にアピールする大パレードだった。

家光は七月四日、岡崎城を出発し、夕方に名古屋城に到着。改装なった本丸御殿に入り、義直たちの歓迎を受けた。正式な歓迎の宴は翌日、より広い二之丸御殿で開かれた。家光はその夜も本丸御殿に戻り、上洛殿で就寝したと思われる。翌朝名古屋を出発し、美濃街道を大垣城へと向かった。

尾張藩が意を凝らしたにもかかわらず、『実紀』は本丸御殿についで何もふれていない。義直が付家老《つけがろう》の成瀬正虎らを大垣城に派遣し、〈御けしきうかがう〉、つまり家光の顔色を確かめに来たとあるだけだ。

閏《うるう》七月を挟んで二か月近く、京、大坂に滞在していた家光が江戸へ向け二条城を出発したのは八月五日。帰途は東海道を通り、九日に桑名から海を渡って熱田に泊まった。翌日、名古屋城には寄らず、岡崎へ向かった。結局、家光が上洛殿に宿泊したのは往路の二晩だけだった。

この後、次の将軍の来訪を待って、本丸御殿は閉ざされた。

とはいえ、御殿をのぞく藩士はかなりの数に上ったと推測できる。

『鸚鵡籠中記《おうむろうちゅうき》』を残した朝日文左衛門の最初の職務は、天守閣や本丸御殿のある本丸エリアの警備担当だった。第2章の「文左衛門、仕事を記す」でふれたように、元禄八年（一六九五年）一月の初出仕の日、本丸御殿を見学して障壁画を目にし、その感動を記している。

〈その端厳精美なことは一々語ることはできない〉
　職務上、本丸内の施設は知っておくべきだということで、御殿の内部を見せてもらえたのだろう。同様に、警備担当の入れ替えの都度、見学会があったとすれば、案外多くの藩士が「将軍の間」を踏んでいた可能性がある。
　掃除も必要だ。名古屋城管理事務所学芸員の朝日美砂子さん（五〇）は「記録によると、月に十日も掃除の日があった」という。掃除当番の藩士も、最初は貴重な障壁画に囲まれて手が震えても、慣れてしまえば次第にぞんざいになったことだろう。ふすま下部の木枠に塗られた漆には、

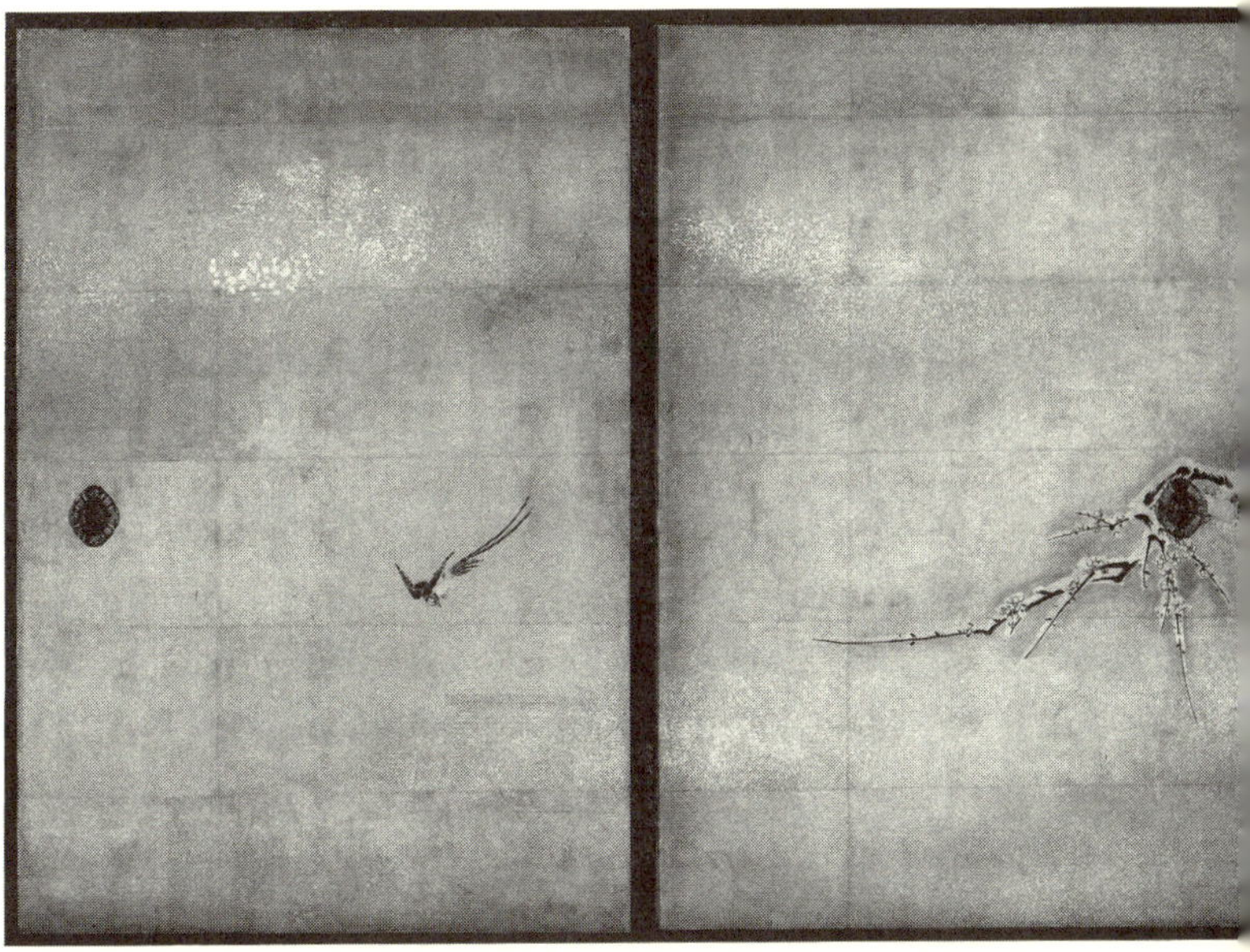

狩野探幽の傑作とされる上洛殿三之間「雪中梅竹鳥図」（名古屋城総合事務所所蔵）

ほうきの跡がかなり残っている。

代々の藩主も在位中に一度は、将軍の迎賓館を視察することになっていた。お役所仕事は当時も今も変わらない。案内の担当となった藩士は、ミスのないように、細かい手順を決めていた。天保十一年（一八四〇年）三月、第十二代藩主の斉荘《なりたか》が初めてお国入りした際も、視察に備えた順路経路図『御本丸御殿中御成御次第之図』（名古屋城振興協会所蔵）が作成されている。

書き込まれた巡覧ルートによれば、車寄せから上がり、表書院や上洛殿、黒木書院などを巡って、天守閣へと向かうことになっていた。これに基づいて、部屋ごとに障壁画の説明も準備していたことだろう。

一方、家光の後、京都での将軍宣下《せんげ》がなくなり、本丸御殿の主賓となるべき将軍を迎える機会は途絶えてしまった。幕末の慶応元年（一八六五年）、長州征伐のために上洛する第十四代将軍の家茂《いえもち》が本丸御殿に宿泊し、それが江戸時代の最後の利用となった。

最高の絵師に描かせた御殿の利用は、二人の将軍のわずか三泊で、明治を迎えている。

4　美はよみがえる

解体回避の恩人

兵庫県姫路市の世界遺産、姫路城内に「恩人・中村重遠大佐」の顕彰碑が建っている。明治四年（一八七一年）の廃藩置県後、各地の城郭が陸軍に接収され、軍営となる一方、天守閣や御殿は解体されていった。姫路城にも同様の運命が迫っていた明治十一年（一八七八年）十二月、中村大佐が山県有朋陸軍卿に姫路城の保存を訴え、その危機を救ったとされる。

名古屋城振興協会発行の『名古屋城検定』は、中村大佐が〈名古屋城の恩人でもある〉と記している。山県陸軍卿への申請書に、〈規模宏壮の名古屋城、経営精巧の姫路城〉と列記し、ともに〈比類なき名城〉として保存すべきだとしていたからだ。

確かに、名古屋城もまた消滅の危機にさらされていた。明治三年（一八七〇年）、元尾張藩主の徳川慶勝は、「無用の長物」となった天守閣の金シャチを引き降ろして天皇に献上し、城や御殿は解体して売り払い、藩士の生活再建に役立てる意向を表明した。実際、二之丸御殿や三之丸の武家屋敷は取り壊され、その跡に陸軍の兵舎が建つなどした。天守閣や本丸御殿も風前の灯だった。中村大佐の申請が窮地を救ったのかもしれない。

しかし、姫路城の「中村恩人説」には疑問も出ている。以前から異論を唱えていた川崎市在住の城郭研究家、森山英一さん（七三）はこう語る。

「姫路城も名古屋城もすでに保存の方針が決まっていました。ただ、修復の費用に困っていた。中村は陸軍の営繕担当部署の責任者という立場で、費用ねん出の伺い書を出しただけです。戦時中の軍人礼賛の風潮の中で恩人説が浮上してきた」

森山さんの説に耳を傾けてきた姫路市立城郭研究室学芸員の工藤茂博さん（四六）も森山さんの立場に近い。

「中村大佐の一年前に、姫路城を保存すべきだと修復費用算段の願いが出され、陸軍では了解事項でした」

中村大佐でないとすれば、名古屋城の本当の恩人は誰なのか。

「無用の長物」とされ、存続が揺れていた明治五年（一八七二年）、七宝焼の技術調査に名古屋を訪れたブラント・ドイツ公使が名古屋城を見学した。本丸御殿にも入り、その障壁画に感嘆の声を漏らす。とくに気に入ったのは、庶民の暮らしや祭り、遊びなどが生き生きと描かれた対面所の「風俗図」だった（本書一六六ページ）。

この後、ブラントは〈日本芸術の真の宝物ともいうべき〉本丸御殿でさえ破壊の対象と知る。ブラントは当時の県知事に破壊の中止を迫り、東京でも政府に働きかけて破壊命令を撤回させたと、自著『ドイツ公使の見た明治維新』で誇っている。

同じころ、国内の有識者からも、英国のロンドン塔を例に、名古屋城保存の声が上がっていた。一度は天守閣から下ろされ、ウィーン万博や日本各地で見世物となって評判を呼んだ金シャチも、地元財界有志の要望に応えて、再び名古屋の空に輝くことになった。中村大佐が山県陸軍卿に訴える四か月前である。

名古屋城は自らの価値によって永久保存への道を歩んでいた。

疎開大作戦

太平洋戦争末期、多くの軍需工場を抱える名古屋は、米軍による空襲の標的とされた。城郭として初の国宝となった名古屋城や市内の社寺の文化財も被災するおそれがあった。しかし、天守閣の金シャチや本丸御殿の障壁画の疎開が検討されるのは、一九四五年一月三日、B29による初の市街地空襲があってからのことだった。

結論が出たのは三月。金シャチは屋根から下ろして地中に埋め、本丸御殿のふすまや壁、天井板などに描かれた千三百三十面にのぼる障壁画は、大半を外して疎開することが決まった。疎開先は城内の西南隅櫓と、かつて陸軍の弾薬庫として使われた御深井丸《おふけまる》の乃木倉庫となった。移送作業は大あわてで、梱包もされなかった。

長押《なげし》の上などの壁貼付絵《かべはりつけえ》約二百八十面は、そのまま残された。

「貼付絵といっても、台になっている板ごと、壁にはめ込み式になっているだけ。時間の余裕があれば、外して疎開できたはずでした」

名古屋城管理事務所（当時）の初代学芸員だった奥出賢治さん（六四）は判断の遅れを惜しむ。金シャチの撤去作業も手間取り、地上に降ろすまでに時間がかかっていた。

名古屋城炎上

五月十四日午前八時五分、Ｂ29の大編隊が名古屋城上空に侵入、焼夷《しょうい》弾の雨を降らせた。十五分後には第二波。焼夷弾の一部が天守閣や本丸御殿を直撃した。市職員や消防団員ら約二百人が駆け付け、懸命に消火したが、手の施しようがなかった。間もなく本丸御殿が、壁貼付絵とともに焼失。次いで天守閣も金シャチとともに焼け落ちた。

この日来襲したＢ29は四百七十二機、落とした焼夷弾は二千五百十五トンに上った。

乃木倉庫、西南隅櫓ともに天守閣から約百メートルしか離れていないが、被害は免れた。た

障壁画の疎開先となった灰宝神社（愛知県豊田市越戸）のコンクリート製宝物殿

だ、障壁画の無事を確認しようと、乃木倉庫をのぞいた職員は肝を冷やしたに違いない。焼夷弾の破片が屋根を突き破り、収納されていた表書院の金ぶすまを破損していたからだ。

一歩間違えたら、大半の障壁画を焼失していたところだった。

この後、障壁画は猿投村越戸（現・愛知県豊田市越戸）の灰宝神社へ運び込まれた。土建業で財をなした地元出身の実業家前田栄次郎が寄進したコンクリート造りの宝物庫があり、文化財の疎開先として指定されていたからだ。すでに熱田神宮や大須観音などの国宝は搬入されていて、スペースの関係で、障壁画すべての搬入は困難なため、西南隅櫓、乃木倉庫、市庁舎へも分散した。

そして終戦を迎える。明治時代の解体の危機や濃尾地震（一八九一年）を乗り越え、昭和まで伝えられてきた武家文化の神髄は灰となった。

幸いだったのは、それまでに天守閣、本丸御殿の徹底した実測調査と、室内や障壁画の写真撮影が行われていたことだ。写真原板（ガラス乾板）五百十一枚と実測図もまた、国宝に交じって灰宝神社に運ばれ、戦火をくぐり抜けた。

江戸時代の絵師や大工の息づかいまで伝える精緻な写真は、焼失した御殿と障壁画復元への希望を後世に託すことになった。

復元模写

辛くも戦火を免れた本丸御殿の障壁画は、一九五六年までに計千四十七面が重要文化財の指定を受けた。一九五九年には天守閣が再建され、障壁画が誇らしげに展示された。しかし、障壁画を所蔵する名古屋城管理事務所には戦後、一人の学芸員もいない状態が続いた。障壁画の搬送も専門外の警備員があたったという。

「ポストのないところを書くなよ」

名古屋市博物館の学芸員だった奥出さんは名古屋城への異動希望を出しては上司にしかられた。そこには学芸員のイスがまだなかったからだ。奥出さんには、障壁画をいまのような状態で放置できないとの思いだけが募った。

念願がかなったのは一九八四年十月。着任してあらためて驚いた。天守閣の展示ケースには背板もない。城内の収蔵庫には、カビ対策の名目でホルマリンが皿に盛られて置かれ、刺激臭で目が痛いほどだった。文化財保護の常識はかけらも守られていなかった。

美術史家を案内して天守閣の展示作品を見せた時、「雪が描かれている」と見間違えられたのは、ハトのふんだった。恥じ入るしかなかった。

「戦争を生き抜いた障壁画を、平和な時代に殺すのか」

無念にかられ、上司へ向けた怒りの言葉が、何度もその口をついて出た。

ようやく展示ケースの購入や収蔵庫の整備が進む中で、奥出さんは夢を膨らませていた。狩野探幽ら江戸の天才絵師たちが描いた障壁画の模写だった。しかも、当時主流だった、現在あるがままを写し取る現状模写ではなかった。

「現状模写なら、写真でいいじゃないか」

奥出さんがひそかにもくろんでいたのは、描かれた当初の鮮やかな墨跡、豊かな色彩による復元模写だったのだ。

もちろん、絵具が剥落《はくらく》したり変色したりした絵から、往時の色を復元するのは困難な作業になるが、奥出さんは、いずれ国宝になるような模写を夢見ていた。

平成の絵師

一学芸員の思いは市の事業に昇華した。一九九二年、愛知県立芸術大講師だった日本画家林功さん（故人）たちが玄関一之間「竹林豹虎図《ひょうこ》」の復元に着手し、千三百面を超す障壁画の復元模写事業がスタートした。

林さんは、奥出さんが早くから胸の内に秘めていた「平成の絵師」だった。数年前、京都へ模写現場の視察に行った折、気になる画家がいた。その人物が後に名古屋城を訪れる。京都の寺院の障壁画模写のために、類似の題材が描かれた本丸御殿の障壁画を参考に見せてほしいというのだ。それが林さんだった。障壁画を前にしたその真摯《しんし》な姿に、奥出さんは「復元模写を託せるのは、彼以外にいない」とまで考えていた。

林さんは指導者としてスタッフを束ね、模写を進めた。「模写は科学だ、文献だ」が口癖だったという。しかし、二〇〇〇年十一月、出張先の中国で交通事故に遭い死亡する。五十四歳だった。

狩野探幽が「柳鷺図」で描いた芙蓉の色を探そうと下絵を塗る加藤純子さん（左）と塚本敏清さん

東京芸大で林さんの後輩だった日本画家の加藤純子さん（六一）がその後を継いだ。名古屋市出身の加藤さんもまた、この仕事に運命を感じていた。

「あの仕事がなかったら、本丸御殿障壁画の復元模写もなかった」

加藤さんが振り返るのは、宮城県松島町の瑞巌寺本堂障壁画（重要文化財）の復元模写のことだ。

瑞巌寺は伊達政宗が江戸時代初期に建立

し、仙台藩のお抱え絵師、狩野左京と長谷川等伯の弟子、長谷川等胤に二百面を超す障壁画を描かせた。一九八五年、その模写が林さんに依頼された。

「復元模写でやらせてほしい。気に入ってもらえなければ、古色を加えます」

これが林さんの出した仕事を引きうける条件だった。加藤さんも模写チームの一人だった。

当時はまだ、しみや傷、顔料の退色や剥落《はくらく》をそのまま写し取る現状模写が主流だっただけに、「大規模な復元模写は初めてで、その後の流れを変えた」（鬼原俊枝・文化庁美術学芸課主任文化調査官）とさえいわれた。

名古屋市の依頼は瑞巌寺の仕事を続けている最中だった。一九九二年の玄関一之間「竹林豹虎図《ひょうこず》」復元模写では、加藤さんも愛らしいしぐさの豹の母子を担当した。完成後、林さんはそのまま名古屋で活動し、加藤さんは松島へ戻って、残る仕事に没頭した。

その後も、加藤さんは源氏物語絵巻や平安中期の子島曼荼羅《まんだら》など国宝、重文の復元模写に携わっている。

もうひとつの「本物」

加藤さんは二〇〇〇年五月に名古屋に帰省したおり、林さんに声をかけられた。

「名古屋城も加藤純子の仕事だよ」

その半年後、林さんが交通事故死し、名古屋市から林さんの後継を依頼された。途中から参画する難しさは承知していたものの、引き受けることにしたのは、「瑞巌寺での自信と、林さんの言葉があったから」だった。

以来、障壁画に取り組む日々が続く。加藤さんがスタッフに何よりも強調するのは、年に四回、原画を間近に観賞する「熟覧」の大切さだ。何を描こうとしたのか。何が感動を呼ぶのか。狩野探幽ら江戸の絵師と、そんな言葉を交わすように絵を読み込む。

使われていた絵具や筆づかい、色を塗る手順などの謎を解きほぐすのはそれからだ。わずか一粒でも顔料が残っていれば、ルーペで丹念に調べ、使われた絵具を特定する。

スタッフの一人、塚本敏清さん（五〇）が担当している上洛殿三之間「柳鷺図《りゅうろず》」の芙蓉《ふよう》の葉は、水墨の輪郭があるだけで、ひとかけらの顔料も残っていなかった。

熟覧で葉の表側が描かれていた紙の表面にわずかな傷みが見つかった。緑青や群青など岩絵具が塗られていた証拠だ。葉の裏側部分にはそんな跡さえない。

下絵の段階で、加藤さんと塚本さんは、絵具を混ぜて、ふさわしい色を探し、葉の裏は草汁で彩色することにした。

「目で見て、心で受け止め、手を通して描く」

復元模写の本質を、加藤さんはそう語る。

模写とはいえ、究極は平成の絵師たちの作品となる。描かれるのは、「もうひとつの本物」なのだ。

（新聞掲載二〇一〇年一月六日～同年三月二十四日）

【コラム④】幻となった将軍の父

名古屋城本丸御殿の上洛殿は、将軍徳川家光に対する尾張藩主徳川義直の謀反の心を否定しようとして造られたが、逆にそこまでやると、本心が透けて見えてくるようでもある。何とか危機を乗り切った義直に一転、「将軍の父」となる可能性が生まれた。

家光が本丸御殿に宿泊してから四年後の寛永十五年（一六三八年）二月二十日、家光の長女・千代姫と義直の長男・光友の婚約が幕府から発表された。光友はこの時数えで十四歳。千代姫はまだ乳飲み子だった。

翌日、幕臣の旗本・阿部正之が長州藩主の毛利秀就《ひでなり》に手紙を送る。うわさだとカムフラージュしながら、この婚約に秘められている意図が書かれていた。

〈家光に男児が生まれなければ、天下は光友に譲られる〉

家光はなかなか子どもに恵まれなかった。ようやく生まれた第一子が女児。幕閣たちは「このまま男児が生まれない」ことを懸念し、万一の場合を想定していたのだ。

山口県文書館に所蔵されてきたこの手紙の存在が明らかになったのはつい最近だ。第1章2節で、尾張藩から将軍を出す可能性が三度あったとしたが、この手紙が見つかるまでは「二度」とされてきた。

尾張藩は御三家筆頭。光友は家康の孫にあたる。義直は息子を幕府に送り込むことに何の躊躇《ちゅうちょ》もしなかっただろう。あるいは、上洛殿に塗り込めた本心を思い起こし、我が意を得たりと、ほくそ笑んだかもしれない。

寛永十八年（一六四一年）、家光に男児（後の第四代将軍家綱）が生まれ、尾張藩の淡い期待は三年余で幻と消えた。

第5章　花の清須

清須は名古屋のマザータウン、つまり「清須越し」という分娩で名古屋が産まれた。父は「清須越し」を演出した徳川家康ということになる。おもしろいことに、清須には織田信長のＤＮＡが色濃く残っていた。信長へのあこがれと言ってもいい。「花の清須」とはこのことなのだと思う。夢の途上で歴史から消えた信長の足跡を追いかけると、一度は地図から消えた清須の再生にも立ち会うことになった。それにしても、信長と家康に地元生まれの豊臣秀吉も加わる名古屋とは何と魅力と可能性に満ちた街なのだろうか。

1　信長への熱き思い

三英傑と清須

春には沸き立つような桜並木で有名な愛知県清須市朝日城屋敷の五条川沿い。戦国時代の城をイメージして、鉄筋コンクリートで造られた三層四階の清洲城天主閣が建つ。天守閣ではなく「天主閣」としたのは、織田信長の最後の居城・安土城にならったからだ。信長に寄せる郷土の熱い思いの反映でもあった。

群雄が割拠した戦国時代の永禄三年（一五六〇年）、清須は光芒を放ち始めた。この地を出発した二十七歳の信長が、東海道の雄といわれた今川義元を桶狭間で討ち取ったからだ。

やがて信長は清須を去り、「天下布武」の階段を上がっていく。しかし、清須が持つ戦略上の重要性を忘れたわけではない。その死後、天下を取った豊臣秀吉、徳川家康は、自分の子飼いの武将、あるいは息子たちを清須城主として送り込んだ。三英傑がそろって重視した戦略拠点だった。

その町と城が存亡の危機を迎えたのは四百年前のことだった。尾張国の統治拠点を名古屋へと移す、世に「清須越し」といわれる首都移転が始まろうとしていた。

咲き誇る桜を見下ろす清洲城

当時の清須に、どのような天守閣がそびえ、どれほどのにぎわいがあったのか、その息吹を直に伝える資料はほとんどない。唯一の貴重な記録は、慶長十二年（一六〇七年）四月に来日した第一回朝鮮通信使が残した道中日記『海槎録《かいさ》』だった。「清須越し」の三年前だ。関ヶ原の戦いを経て、尾張はすでに家康の支配下に入っていた。まず四男の松平忠吉を清須城主に送り込んだ。通信使来日の直前に忠吉が病死すると、今度は幼い九男の義直を城主に定めた。後に初代尾張藩主となる。江戸に向かう通信使の一行が、美濃を経て清須の城下に入ったのはそんなころである。

朝鮮通信使の目

若松実さん（故人）の翻訳などを参照に『海槎録』を読む。若松さんは江戸時代十二回の朝鮮通信使の大半の日記を翻訳した市井の研究者だった。

〈城を重ね郭《くるわ》を畳《かさ》ね、大野に平臨す〉

城郭の描写だ。さらに城下町の説明へと続く。

〈海水を引いて濠《ごう》となし、水は深くて広く、船が通行でき、民家の繁盛と人の多いことは、まことに関東の巨鎮（大きな都市）である〉

東海地方朝鮮通信使研究会の貫井正之会長（七〇）がこの時の通信使の役割を解説する。「第一回の通信使は、第一に秀吉の朝鮮侵略で断絶した国交回復が目的でした。しかし、再侵攻への懸念が消えたわけではなく、日本の国情を探る役目も帯びていました。このため、各地の様子を詳細に記しています」

もちろん、初めての来訪で、通過する土地に知識はない。通訳を務めた対馬藩士が情報源となった。しかし、彼らも詳細な知識を持っていたわけではない。五条川のことを〈海水を引いて〉などと誤解しているのも、対馬藩士に間違えて教えられた可能性もある。

ただ、通信使一行約五百人は大坂に上陸し、京にも滞在した。当時の日本の二大都市をじっくり見ている。それが比較の基準となった。その目で清須を〈巨鎮〉と評価したことが重要だ。一行は行き交う人でにぎわう清須に二泊した。

その後は、熱田神宮を過ぎて岡崎に向かった。もちろん名古屋への言及はない。

にもかかわらず、慶長十四年（一六〇九年）、家康は尾張を統治する新たな拠点に、清須の南方に位置する名古屋の台地を選んだ。しかも、住民はもちろん、城郭から寺院、橋、町名にいたるまで、すべてをごっそり動かそうというのである。こんな臼引き歌が伝わっている。

「思いがけない名古屋ができて花の清須は野となろう」

花の末路を嘆き悲しむ声には、過去の繁栄への郷愁がある。信長が天下取りへと踏み出した最初の拠点という、誇らしい歴史に決別する無念さも伝わってくる。

2　居城転々

埋もれていた清須

愛知県の清洲、新川、西枇杷島の三町が二〇〇五年七月に合併して清須市が誕生した。人口は約五万七千人。「清須越し」以前の最盛時、清須の城下町には清須市を上回る六、七万人の人口を数えた（『清洲町史』）という。

地元の郷土史家・加藤富久さん（六四）は「清須」復活を喜んだ。

「平成の合併で誕生した新市名では珍しく由緒のある名前となりました。しかもかつて清須と呼ばれた地域は旧清洲町よりも広く、今の市域とかなり重なります」

この地域が文献に初めて登場するのは、伊勢神宮の荘園だった十四世紀ごろで、当時は清須だった。やがて清洲の文字が使われるケースも出てきた。江戸時代初めは清須が優勢だったものの、やがて清洲の表記も増え、明治になると清洲に一本化された。

三町の合併を前に新市名を公募したところ、数では清洲、名西に次ぎ、清須が三位に入っていた。清須の採用で、昔の名前に戻ったことになる。

一方、合併の二十三年前、一九八二年に始まった愛知県埋蔵文化財センターによる清洲城下

五条川右岸側で発掘された清須城本丸の石垣。木の土台の上に自然石が積まれている（愛知県埋蔵文化財センター提供）

後期の清須城下町の復元図（鈴木正貴さん作成）

町遺跡の発掘調査は、地中に埋もれていた「清須」の発見につながっている。五条川の右岸に本丸の石垣が見つかった。「清須越し」で破壊された城郭の一部だ。湿地のため、角材を組んだ上に積み上げられていた。

古絵図にある本丸を囲む三重の堀も確認された。金箔《きんぱく》の残る軒丸瓦や天正十四年（一五八六年）の銘が入った瓦も見つかった。これらの発掘で、盛衰を繰り返した清須城下町の最終的な形状がわかってきた。南北約二・五キロ、東西約一・五キロに広がっていた。

天守閣の建つ本丸は、現在の清洲城の対岸にあった。手がけたのは信長の次男の織田信雄《のぶかつ》が有力だ。天正十年（一五八二年）の本能寺の変後、信雄は尾張と伊勢を領有し、長島城（現在の三重県桑名市）を居城とした。しかし、天正十三年（一五八五年）の天正地震で長島城が崩壊したため清須に戻り、大改修をしたことが知られている。

「この時、城下町を堀や土塁で囲む総構えを整備し、天守閣も建てたのでしょう」

発掘調査に携わった県埋蔵文化財センターの鈴木正貴・調査研究専門員（四四）の話だ。金箔瓦は当初、織田家のみに使用が許されていたことも、信雄による築城の傍証となる。

信長、清須を去る

では、尾張の新しい支配者として若き信長が那古野城（現在の名古屋城二の丸付近）から清須城に移ってきた弘治元年（一五五五年）当時は、天守閣はなかったのだろうか。

そんな疑問がわくのも、城といえば、私たちは名古屋城や犬山城のような天守閣を思い浮かべるからだ。城郭建築史の第一人者、内藤昌・名工大名誉教授（七五）は著書『復元安土城』でこのような先入観をたしなめる。

〈まさに薪の束のような建築を、戦争のために造る愚者がいるであろうか〉

瓦と礎石と石垣がそろう高層建築は、安土城をもって嚆矢《こうし》とする。しかも内藤名誉教授は、〈戦争のため〉の城ではなかったという。それ以前の城といえば、館であり、戦争に備えた櫓《やぐら》や砦《とりで》だった。

天守閣は存在しなかったとしても、信長時代の清須を知るには、もう少し時代を掘り進める必要があるようだ。

ところが、信長と清須のかかわりを調べると、清須にとっては衝撃的な言葉にぶつかった。

「信長にとって清須は居心地のいい場所ではなかった」

名古屋市蓬左文庫の下村信博・学芸係長（五七）がこう言えば、県埋蔵文化財センターの鈴木さんもまた指摘する。

「信長は清須から逃げるようにして小牧に移った」

文献と発掘。歴史へのアプローチの異なる二人だが、くしくも信長の清須観では一致した。

清須には室町幕府の権威を背景とした守護所が置かれ、長く尾張の政治的中心地だった。弘治元年、信長は清須に入り、尾張の覇者交代をアピールした。永禄六年（一五六三年）に小牧（愛知県小牧市）に移るまで、尾張の完全制覇と隣国との攻防に忙しい。今川義元を討った桶狭間の戦いも清須からの出陣だった。

「この間、清須の城下町が改変された跡はほとんどありません」

鈴木さんによると、信長の入城後、守護所時代の居館の区画はそのままで、大規模な普請は次男の信雄まで待つことになる。

「旧勢力の中心地だっただけに、いろいろなしがらみや制約があり、さすがの信長も手をつけにくかったのでは」

下村さんと鈴木さんは同様の推理をしている。

小牧山の革新

近年、信長が次の拠点に選んだ小牧の発掘が進んでいる。小牧山（標高八六メートル）の城郭と城下町の形状が明らかになって、信長の胸のうちに、まったく新しい城郭と都市の構想が沸々と浮かび上がっていたことが明らかになってきた。

信長は小牧山に石垣を何重にも巡らし、当時の人が見たこともない「石の城」に変容させた。山頂の主郭の周囲には、高さが四メートル近い石垣も発掘されている。また小牧山の南方に広がる荒れ野には東西と南北に走る幹線道路を設け、商人や職人が住む長方形の街区をつくった。「まっさらの土地に、独創的な城郭と城下町をデザインしています。この都市計画が安土の源流となりました」

奈良大学文学部の千田嘉博准教授（四四）（現在は同大教授）が小牧の意義を強調する。城郭の話題となると、テレビでもおなじみの研究者だ。

それだけではない。安土山で発掘された山麓から中腹へ向かう真っ直ぐの大手道と同様、小牧山でも規模は小さいが真っ直ぐの大手道が見つかっている。防御のためなら、ジグザグにするだろう。信長ならではの常識を外れた発想という共通点がある。

わずか四年で、今度は岐阜へ移ったこともあり、小牧山城の位置づけは「美濃攻めのための一時的な砦《とりで》」説が有力だった。

この定説に挑戦したのが千田准教授だ。約二十年前、小牧山一帯の明治時代の地籍図の分析から、信長時代の都市計画の存在説を提起した。

信長が築城したときに小牧山の山頂付近に積み上げられた石垣

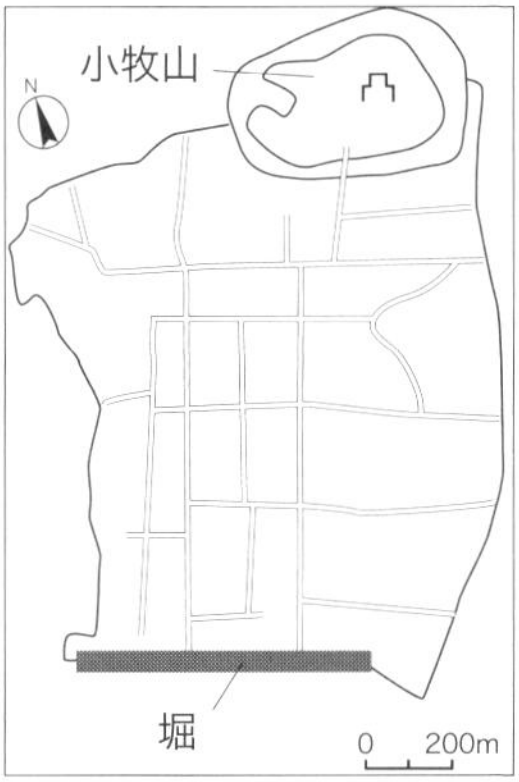

小牧城下町復元図（千田准教授の原図を参考）

小牧市教委の中嶋隆・教育部次長（五四）は、「まさかと思いましたが、実証できるチャンスだ」と、開発にともなう発掘調査が舞い込むたびに胸をときめかせたという。

二〇〇六年までの城下町の発掘で、千田准教授の予言通り、当時の道路や武家屋敷、町屋の跡が出た。信長はこの町に清須から武将や町人、職人を呼び寄せている。

木々に覆われた小牧山の山腹からも、岩盤を削り、石を積み上げた跡が相次いで見つかっている。

「敵方の美濃をにらんだ北側より、町を見下ろす南側の石垣が手厚いのです」

中嶋さんが語る小牧城のイメージからは、明らかに権力者として「見上げられる」ことを意識している。

信長は清須を嫌ったのだろうか。そうではないだろう。彼の体にたぎるエネルギーをぶつけるのに清須は狭すぎると思ったのではないか。清須から小牧までは十キロしかない。わずかな距離だが、もうひとつの「清須越し」は中世から近世へ時代を大きく突き動かすことになった。

鳴かないホトトギス

信長は天文三年（一五三四年）、勝幡城（愛知県稲沢市、愛西市）に生まれた。那古野城から清須城に入ったのが二十二歳だった。以来、居城は転々とするが、常に自らの戦略に基づいていた。多くの戦国大名が領国の拡大に努め、上洛の機会をうかがいながらも、居城は伝来の地に固執していたのとは大きく異なる。

しかも、比叡山焼き打ちなどで見せた既成の価値を一顧だにしない非情さで、信長といえば「破壊者」の形容詞がついて回る。

江戸時代に「鳴かないホトトギス」を前にした信長、秀吉、家康の三英傑を詠んだ川柳がある。「鳴かぬなら殺してしまえ」と苛烈《かれつ》な信長、「鳴かせてみせよう」と業師の秀吉、「鳴くまで待とう」と泰然の家康。三人の性格にそれぞれの天下取りの手法、パワー、テクニック、タイミングが重なっている。

だが、都市経営にすぐれた信長は、決して力だけの信奉者ではなかったはずだ。岐阜時代にはそんな信長に出会うことができる。

3 時代の先へ

斎藤道三に学ぶ

織田信長は斎藤竜興を滅ぼした後、井口《いのくち》の町を岐阜と改名する。内堀信雄・岐阜市教委副主幹（四八）は岐阜の町の経営にあたっては強引さとは別の性格を見せているという。

「土塁と堀で囲まれた総構え（城下町）の内部は、あまり改変した形跡はありません」

信長の義父、斎藤道三は町場と武家屋敷地区の一体化を目指し、当時としては先進的な城下町を造り上げていたからだ。内堀さんはこうもいう。

「信長は道三を尊敬し、その手法を勉強していた。小牧の町も井口に学んだ成果ではないでしょうか」

岐阜時代の信長はあせることなく、次のチャンスを待っていた。

もちろん手をこまぬいていたわけではない。金華山の西麓《ろく》、千畳敷には派手な居館を造った。

永禄十二年（一五六九年）、岐阜を訪れたイエズス会の宣教師ルイス・フロイスは〈美濃の人たちが極楽と言っている〉信長の館に招かれた折のことを書簡に記した。これを髙木洋・岐阜市歴史博物館長が翻訳している。

居館は四階建てで、三階からは廊下で山側に建つ茶室につながり、四階の見晴らし台からは岐阜の町が一望できた。

〈美しさ、豪華さ、清潔さにおいて、この宮殿と並ぶものを見たことがない〉

フロイスは最大級の賛辞を贈っている。

信長居館の痕跡を探そうと、岐阜市教委の発掘調査が進んでいる。二〇一〇年までに、池と手水《ちょうず》とみられる水溜の遺構の一部が見つかった。フロイスの記述にあるように、庭園があったことになる。金箔瓦の破片の発見は、迎賓館のような中心的な建物の存在を想像させる。

これらの発掘成果もあって、山頂と山麓を含む金華山一帯約二百九ヘクタールが二〇一一年二月、「岐阜城跡」として国史跡に指定された。これを契機に、市教委ではさらに信長の時代を掘り進める。

楽市楽座

四十代以上の方なら、「商工業の規制を撤廃した楽市楽座は、信長が岐阜で始めた」と日本史で学んだのではないか。「定楽市場」と墨書された有名な制札は、信長が岐阜に入城した直

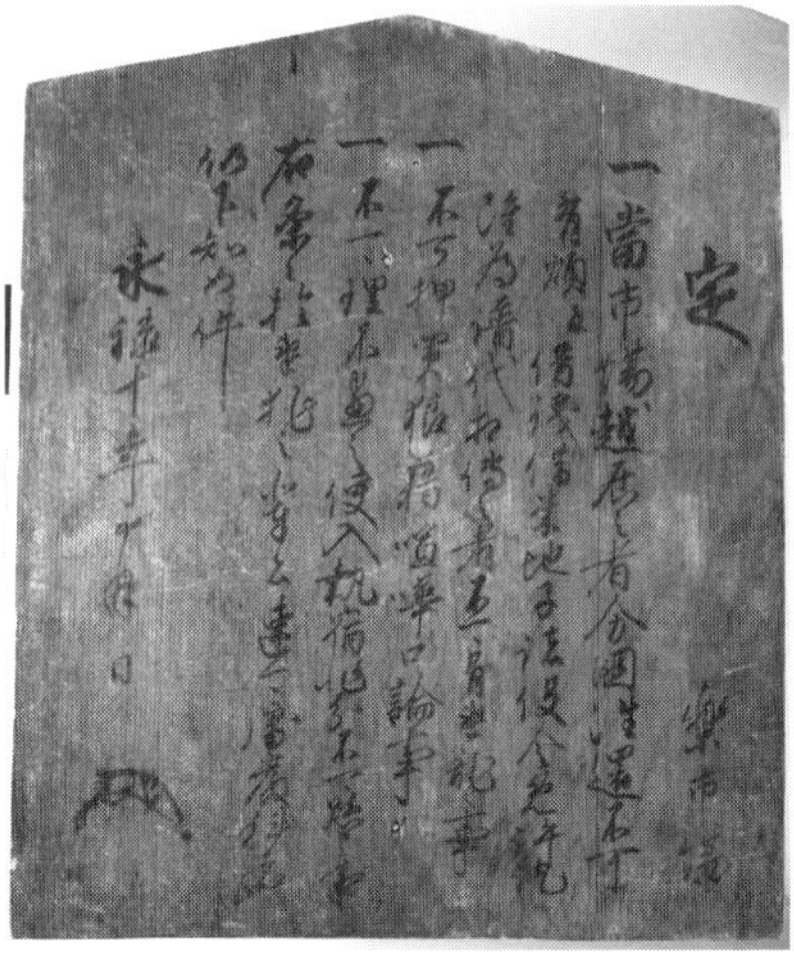

織田信長が最初に出した楽市の制札（円徳寺所蔵、写真は岐阜市歴史博物館提供）

後の永禄十年（一五六七年）十月に出された。楽市があったのは、岐阜市の繁華街・柳ヶ瀬のすぐ東、御園町あたりとされている。

　しかし、他の戦国大名も楽市令を出していたうえ、元々寺社の門前など、武士の力の及ばない所で自由な市場が誕生していたことがわかってきた。

〈信長入城以前から楽市場としてすでに存在していた〉

　一九八〇年に刊行された『岐阜市史』もこう記し、信長の楽市令は戦火で荒廃した市場の「復興策」と指摘している。

　ところが、ここへきて再び信長の経済政策が評価されている。

「斎藤氏時代からあった市場は、寺社や川港近くなど、自然ににぎわいの生まれる場所。しかし、信長が選んだのはにぎわう要素の少ない荒れ野です。そこに人が引っ越してきて住みつきやすいよう、好条件を出しました」

　岐阜市歴史博物館学芸員の土山公仁さん（五一）は信長の違いを強調する。いわば郊外にニュータウンを造ろうとしたのだ。小牧の城下町と発想は似ている。岐阜を攻め落とした際に、一部は焼失したにしても、斎藤道三以来の城下町の構造に手をつけない代わりでもある。千田嘉博・奈良大学准教授（四四）が言う。

「他の戦国大名は決まった日に市が立つ定期市の自由を追認したケースが大半です。定住を図ったところが信長の画期的なところです」

安土城

それを推し進めたのが安土城（滋賀県近江八幡市安土町）の城下町だった。「市場の法律から都市法へと昇華させ」（千田准教授）、城下町そのものを楽市楽座とした。

城造りでも集大成となった。天正四年（一五七六年）に築城を開始。小牧山で手がけた「石の城」は規模が拡大し、標高百九十九メートルの山頂に高さ四十六メートル、地上六階地下一階の高層建築「天主」を出現させた。

寺院の屋根に使われてきた瓦を武家が本格的に使うのは初めてだし、五重塔と異なり、人が居住する空間としての高層の塔も初めてだった。さらに朱塗りで八角形の五階には仏の事績と地獄、金色の六階には儒教や道教の教えを説く障壁画を描かせている。

新発見の「天守指図（設計図）」をもとに安土城の復元にあたった内藤昌・名工大名誉教授（七五）は「天主は政治・宗教・経済の体制を明示し、国づくりのシンボルだった」としている。

安土城は天正七年（一五七九年）の完成から三年、本能寺の変から十二日後に炎上焼失した。桶狭間の戦いで、天下取りレースに信長が鮮烈に登場してからわずか二十二年だった。しかし、動き出した時代はもう止まらなかった。

4　清須盛衰

たくましき清須

清須の町民たちが新天地へと引っ越したのは、名古屋開府の際の「清須越し」だけではない。織田信長が小牧、岐阜、安土と居城を変えるたびに、その城下町には清須にちなんだ町名が登場している。由緒ある神社の分祀《ぶんし》も行われた。小さな「清須越し」はたびたびあったのだ。岐阜の楽市場も清須から商人を誘うねらいがあったという。

そのことは愛知県埋蔵文化財センターの発掘調査でも裏付けられた。

「信長が小牧へ移った直後は、生活を裏付ける陶器類などの発掘量が極端に減っています」

鈴木正貴・同センター調査研究専門員（四四）の説明からは、清須の人口が減ったことをうかがわせる。

にもかかわらず、清須はしぶとく生き残った。信長は留守番役の城代を置いていたし、小牧が廃城になると、その城下町から清須へ戻った町民もいる。天正十年（一五八二年）の本能寺の変の直後、信長の後継者や領地の配分を決めるため、織田家の家臣が集まったのもやはり清須だった。

清須会議で、尾張と清須城は信長の次男・織田信雄《のぶかつ》のものとなった。清須城の大改造は信雄から始まる。この時期以降の地層から金箔《きんぱく》瓦を含む十トン余の瓦が出土している。板葺《ぶ》きだった武家の建物に、安土城以降、一気に瓦が普及した証拠でもある

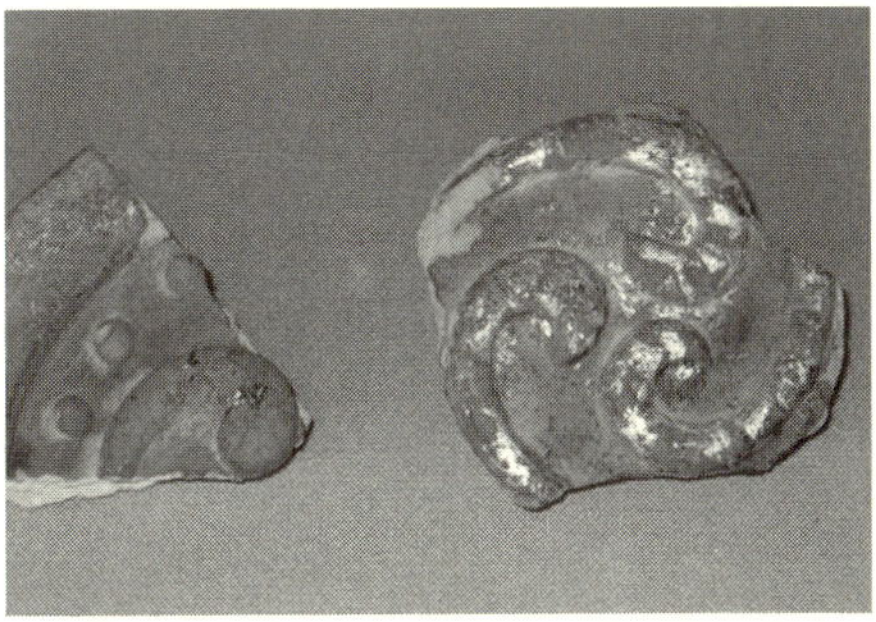

織田信雄が築城した清須城跡から発掘された金箔瓦

しかし、清須城の歴史は曲折を重ねた。天正十八年（一五九〇年）、小田原攻めの後、豊臣秀吉は信雄を追い出して尾張を自分のものとし、甥の豊臣秀次、次いで子飼いの福島正則を城主とした。

関ヶ原の戦い後、尾張は徳川家康のものとなり、清須城もその四男・松平忠吉、忠吉の病没後は九男の徳川義直の居城とした。つまり、信長、秀吉、家康の天下人三人がいずれも尾張を支配し、清須城を押さえることを重視したのだ。

家康の決断

当時、大坂にはまだ豊臣秀頼がおり、家康にとって尾張は西国に対する備えの意味を持った。それにふさわしい堅固で巨大な城と城下町を完成させるには、清須では手狭だった。川に近い低地で、洪水への懸念も、台地上の名古屋を移転先に選ばせた理由という。

清須市刊行の『新川町史』は、最近の発掘や文献研究の成果を踏まえて旧清洲町域の歴史にもふれる。秀吉と家康・信雄連合軍が衝突した天正十二年（一五八四年）の小牧・長久手の戦いの際に、秀吉が配下の武将に出した書状もその一つ。

この中で秀吉は〈木曽川の河道を変え、清須城下を水没させる〉作戦に言及している。清須城水攻めの具体的なプランがあったのだ。

秀吉に勝るとも劣らない戦略家の家康にも、清須の弱点は見えていたに違いない。

清須越し

名古屋都市産業振興公社の産学連携コーディネーター、水野孝一さん（七二）は月に一度、ボランティアで名古屋市博物館のガイドを務める。

「この梵鐘《ぼんしょう》は、織田信長以来、尾張の鋳物師を束ねた水野太郎左衛門が造ったものです」

さりげない説明にも誇らしさがにじむ。水野さんは「清須越し」で名古屋城下に移って来た鋳物師の末裔《まつえい》だ。

戦国末、上野村（現・名古屋市千種区）で梵鐘や仏像を鋳造していた初代の太郎左衛門は、信長から尾張での鋳物鋳造の独占権を与えられた。信長は楽市楽座を進める一方、重要な物品では特権的な座を残している。二代目太郎左衛門の時に清須城下に移った。五条川にかかる五条橋の欄干の擬宝珠《ぎぼし》にもその名を残している。弟は分家して水野平蔵を名乗り、兄弟で尾張の鋳造業をもり立てた。水野さんはこの平蔵から数えて十四代目だ。

慶長十四年（一六〇九年）、家康は名古屋開府を決断し、翌年から築城にかかる。東西約五・七キロ、南北約六・一キロの城下町には碁盤目状に道路が走り、本町、伊勢町、長者町など清須城下の町名がそのまま付けられた。根こそぎ移転を命じられた清須の町民たちへの思いやりでもあったろう。五条橋も太郎左衛門作の擬宝珠ごと堀川に架け直された。

水野家一門の転居先は城下の鍋屋町（現・東区泉）。

「火を扱うので町外れになりました。信長の免許状は尾張藩になっても有効で、本家は代々鋳物師頭に任じられています」

太郎左衛門たち「清須越し」の職人や商人が名古屋城下の繁栄を支えていくことになる。

「清須越し」の商人を代表するのは呉服商として成功する伊藤次郎左衛門だ。呉服商の松坂屋を経て百貨店となった。伊藤家は元、信長に八百石で仕えた武士だった。同じく信長配下から転身し、名古屋で事業の基盤を築いたのが竹中藤兵衛正高だ。大手ゼネコン竹中工務店（本社・大阪市）の祖として、名古屋開府の慶長十五年（一六一〇）に創業している。

「信長の配下で土木作業を取り仕切る普請奉行でしたが、織田家の衰亡で武家のはかなさを感じ、番匠（大工）への転身を決意。寺社を専門とする宮大工の棟梁となりました」

そう語るのは竹中工務店企画室歴史アーカイブスグループの松本始さん（五七）。明治初年の名古屋城修理の際、「御天主竹中」と彫られた古材も見つかっており、築城にも携わったようだ。伊藤家の店舗や屋敷の建築、増改築を請け負うことが多かったのも「信長で結ばれた縁」だという。

宿場町で再スタート

「清須越し」でかつての城下町の面影はすっかり消え、三重の堀も埋められて、田や畑となった。しかし、元和二年（一六一六年）に美濃路の宿場が置かれ、再び町のにぎわいが戻ってきた。

美濃路は東海道の宮宿と中山道の垂井宿を結ぶ約五十七キロの脇往還だ。とはいえ上洛する将軍や朝鮮通信使、琉球使節も通った。

「関ヶ原の戦いの前、徳川家康がこの道を通って勝利したため、後に縁起の良い『吉例街道』と呼ぶようになりました。上手なブランド戦略です」

地元の郷土史家・加藤富久さん（六四）が評価するように、ゼロからのスタートにもかかわらず、清須宿は一八四〇年代には、本陣一軒、脇本陣三軒、旅籠《はたご》二十一軒、家数五百二十一軒、人口二千五百四十五人を数えるまでに発展した。

にぎわいの証しは、一七〇〇年ごろから毎年六月十四日に、清須牛頭《ごず》天王社（現・川上神社）の祭礼で打ち上げられた花火だ。「尾張随一」の評判を呼び、名古屋城下からも多くの見物客を集めた。尾張藩士で絵師でもあった高力猿猴庵《えんこうあん》（本名・種信）が『絵本清洲川』でその様子を生き生きと描写している。

名古屋から枇杷島橋を渡り清須へ向かう見物客、立ち並ぶ露店、五条橋に鈴なりの人々、河川敷の桟敷で花火を楽しむ姿などは、現代の花火見物と変わらない。

「猿猴庵は落款に『真景写』を用いるほど、実際のままを描こうとしました。今ならさしずめ報道写真家です」

名古屋市博物館学芸員の山本祐子さん（五四）がそう言うだけのことはある。

復活の花火大会

昭和初期まで細々と続いた清洲花火の復活を目指して、清洲町商工会は二〇〇一年八月、「花火大会」を開催した。代々続く花火師の日下部錠一さん（六七）（清須市清洲）は猿猴庵の『絵本清洲川』にも出てくる川面を泳ぐような花火「金魚」を再現してみせた。

目玉は五条川に渡したワイヤから滝のように火花を降らせる仕掛け花火のナイヤガラだった。

しかし、JR東海から「新幹線に近すぎる。もっと下流に移してほしい」と注文が付いた。そのためワイヤの位置をずらしたら、五条橋に寄りすぎて、本番では煙が橋の上の見物客を包み込んでしまった。両岸には家並みが迫り、河川敷も狭くて、本格的な打ち上げ花火は不可能だった。

復活劇は一度で終わったが、その志は途切れていない。清洲小、清洲東小で郷土研究部の顧問を務めた半田実教諭（五四）（現・西枇杷島小教諭）と両校の子供たちが、江戸時代の花火にまつわる地元の古文書や打ち上げの道具を発見した。

二〇一〇年三月刊行の『愛知県史』（資料編十七　知多・尾東）には、その古文書の中から、清須天王社の祭礼花火に関する清須神明町の記録が採録された。「からくり花火」の題材には、その時々に名古屋で話題になったことが取り上げられていたことも紹介されている。

5　清洲城

こだわりの再建

望楼の金色の瓦や朱色の欄干は、一九八九年に完成した清洲城の特徴だ。

「織田信長ゆかりの城らしく、派手にしました」

　多くの城郭設計を手がけてきた浅井佳彦さん（六五）（名古屋市東区）が語る。年間入城者は約四万人だが、一日平均約四十万人が行き来する東海道新幹線の車窓からわずか六十メートルと間近なだけに、その姿を目にした人の数では「日本一」の城となる。

　清洲城再建は、「歴史と観光の町」を目指す当時の林正治・清洲町長（故人）が、町制施行百周年の記念事業として推進した。

　織田信雄《のぶかつ》から徳川義直までが居城とした往時の城の姿を伝える資料はない。城郭建築史の第一人者、内藤昌・名古屋工業大学名誉教授（七五）が描いた二枚の想像図と、清須城から名古屋城に移築されたとの言い伝えから「清須櫓《やぐら》」の異名を持ち、一間の寸法が天守閣と異なる西北隅櫓を頼りに、浅井さんは「戦国期の城らしさ」に心を砕いて設計図を引いた。

　工事の段階でも「らしさ」の追求が続いた。町総務部長のまま工事総括責任者となった水野善仁さん（六四）（清須市一場）が語る。

「本当なら企画室の仕事なのに急に町長に指名され、あわてたね。城のことは何も知らない。排気量七百五十シーシーのオートバイを購入し、各地の城巡りから始めました」

　滋賀県長浜市で再建された長浜城には「重みがない」と違和感を覚え、その理由を確認するために何度も通って納得した。「今風の銀色の瓦」が理由だった。古色が出るようにと瓦業者に特注した。城の内外装でも「どうしたら雰囲気が出るか」と考え、相次いで設計変更を依頼

清須城の古材を利用して建てられたといわれる名古屋城の西北隅櫓

した。

交渉相手は施工を請け負った竹中工務店である。本来なら追加費用がかかるところだが、町にそんな予算はない。時には無理を承知でねじこんだ。水野さんには殺し文句があった。

「おたくの創業者は信長の普請奉行だったじゃないか。先祖の供養になるぞ」

安土の次があった

清洲城再建を推進した林町長は東京帝大卒の国史学者でもあった。水野さんに任せた以上、工事に注文を付けてくることはなかったが、信長について語ったおり、水野さんの記憶に残る言葉があった。

「敵の領地を取っても、自分の息子や家臣を送り込む武将ばかりの中で、信長は常に自分から出ていった。この姿勢は政治家にも大切だ」

その言葉通りに、信長は清須を飛び出して、小牧、岐阜、安土へと、自ら時代の先頭に立って、活躍の舞台を広げていった。

四百年前、「花の清須は野となろう」とうたわれた時、「花」とはこのような信長へのあこがれであり、信長との一体感のことだったに違いない。

実は信長の城は安土の次もあったと、元大阪城天守閣館長の渡辺武さん（七〇）がいう。「大坂城の初代城主は信長」という「異説」を紹介しているのだ。

天正八年（一五八〇年）、信長は石山本願寺を攻め落とし、築城の下準備をしていたが、本能寺の変で実現しなかった。豊臣秀吉が石山本願寺跡に大坂城を建てたのは、信長の遺志を継ぐことの表明でもあった。

大坂城を建てたのが信長だったら――その目は海外へ向けられただろう。そして、秀吉が選択した侵略ではなく、世界を相手に貿易をしたのではないか。そんな歴史の「もしも」を考えたくなるほどの信長の魅力が、衰亡と再生を繰り返した清須を今も彩っている。

＊

同じことが、清須から生まれた名古屋にもいえるかもしれない。しかも、名古屋は地元出身の秀吉、三河の家康のＤＮＡも持ち合わせている。

天下取りの手法にみせたパワー、テクニック、タイミングの三者三様の姿は、例えばものづくりでも、トップブランドの独創性と精緻さを厳格に求めたのが信長だとすれば、秀吉は大衆化、大量生産へと舵を切り、家康は三河武士の自己犠牲によるチームワークで、ものづくりの風土そのものを支えた。

開府四百年を経た今、「三英傑」を抱える誇りにとどまらず、三様の知恵、三様の手法に代表される多様な可能性を追求することが、名古屋をより魅力的にすることだろう。

（新聞掲載二〇〇八年四月三日～同年五月二十九日）

織田信長以降の清須城主の変遷

一五五五年	信長、清須入城
一五六三年	信長、小牧山へ移る
一五七五年	信長、長男・信忠に家督を譲り、美濃と尾張を与える
一五八二年	本能寺の変で信長、信忠死去。清須会議で尾張は二男・信雄に
一五九〇年	秀吉、信雄を改易。秀次を尾張領主に
一五九五年	秀次切腹。福島正則が清須城主に
一六〇〇年	家康、正則を安芸・備後へ移封、四男・松平忠吉を清須城主に
一六〇七年	忠吉病没し、家康、九男・義直を清須城主に

【コラム⑤】 ビジネスマン信長

不思議なことに、織田信長のことを調べていると、経済用語が浮かんできてしかたがない。岐阜城時代に使い始めた「天下布武」。これは武力制圧するぞという脅しではなく、武士階級が日本を統治するという時代変革を宣言したものだ。尾張と美濃二か国の覇者でしかないのに、自らの立ち位置を天下に明確に示したといえる。これなど、企業経営で重視されるコンセプト（基本理念）と同じではないか。今や多くの企業が自社のホームページの冒頭に掲げている。

信長は清須以来、拠点を次々に変えていったが、岐阜も安土も元は敵地だ。敵地に乗り込み、にらみを効かす城づくりならわかる。ところが信長は城と町を一体のものとして造り上げていく。敵地へ乗り込む何の躊躇もない。

企業買収して大きくなった企業が、内部に敵・味方の構造を持っていては力を発揮できない。いかに早く、価値観を共有する共同体となるかが問われる。信長が現代に生きていたら、M&A（企業合併・買収）を繰り返してグローバル経済の先頭に立つようなビジネスマンになったのではないか。そんな想像が膨らんでくるのだ。

企業に求められるのは他社を圧する力だけではない。CSR（企業の社会的責任）も問われる。海外進出した企業が、地域社会に受け入れられるために、地元の祭りやイベントに積極的に参加するなど、よき「企業市民」としてのパフォーマンスが求められるが、信長も新しい領地で、その地の祭りに加わって、時には女性や氏神様に扮してみせたりもしたとされる。

江戸時代、全国の大名の約七割が尾張・三河出身者だった。信長、秀吉、家康の天下取りの先陣として全国に進出したというだけでなく、信長が実例を示したこのような統治のノウハウが徹底されていたからかもしれない。

信憑性に疑問は残るが、こんな話もある。安土城が完成した後、信長は武将だけでなく町民も交えた見学会を開催した。しかも有料。入り口に立った信長自身が入場料を受け取り、その背後には銭の山ができた。まさに、テーマパーク「安土城」である。信長なら不思議じゃない。

主な参考図書

❖第1章

井沢元彦『逆説の日本史　十五巻　近世改革編』小学館、二〇〇八年
大石学『規制緩和に挑んだ「名君」』小学館、一九九六年
大石学『徳川宗春「温知政要」』海越出版、一九九六年
笠谷和比古『主君「押込」の構造』講談社、二〇〇六年
川口高風『諦忍律師研究　上巻』法蔵館、一九九五年
鬼頭宏『図説　人口で見る日本史』ＰＨＰ、二〇〇七年
岸野俊彦編『尾張藩社会の総合研究』清文堂出版、二〇〇九年
所三男『尾張藩の財政と藩札』、一九三五年
貫井正之『豊臣・徳川時代と朝鮮』明石書店、二〇一〇年
林董一『将軍の座』風媒社、二〇〇八年
林董一編『近世名古屋　享元絵巻の世界』清文堂出版、二〇〇七年
舟橋武志『歴史探索・徳川宗春』ブックショップ・マイタウン、一九九五年
藤田佳久『近世における木曽檜と秋田杉の乱伐にともなう森林保護政策の成立と展開』（『愛知大学綜合郷土研究所紀要　第三十七号』一九九二年所収）
安田文吉『「ゆめのあと」諸本考』名古屋市教委、一九八八年
矢頭純『徳川宗春』海越出版、一九八七年

『朝日町誌　通史編』福井県朝日町、二〇〇三年
『尾張名古屋の人と文化』中日新聞社、一九九九年
『尾張の殿様物語』徳川美術館、二〇〇七年
『新修名古屋市史　第三巻』名古屋市、一九九九年
『大丸二百五十年史』大丸、一九六七年
『徳川宗春年譜』名古屋市文化財調査保存委、一九五七年
『名古屋叢書三編　第二巻　尾藩世記　上』
『名古屋市　中区誌』中区制施行百周年記念事業実行委、二〇一〇年
『日本庶民生活史料集成　第十五巻』三一書房、一九七一年
『日本の歴史　第十五巻　町民の実力』中央公論社、一九六六年
『日本思想大系　第三十八巻　近世政道論』岩波書店、一九七六年
『梁川町史　第六巻　資料編三　近世一』福島県梁川町、一九八六年
『郷土やながわ　第十号』梁川町郷土資料研究会、一九九八年

❖第2章

磯田道史『武士の家計簿』新潮社、二〇〇三年
加賀樹芝朗『朝日文左衛門「鸚鵡籠中記」』雄山閣、二〇〇三年
神坂次郎『元禄御畳奉行の日記』中央公論新社、一九八四年
芥子川律治『尾張の元禄人間模様』中日新聞本社、一九七九年
塚本学編『摘録　鸚鵡籠中記（上）（下）』岩波書店、一九九五年

都司嘉宣『歴史資料から見た東海沖地震・津波』（『月刊海洋科学　十一巻一号』一九七九年所収）
林董一編『近世名古屋　享元絵巻の世界』清文堂出版、二〇〇七年
『名古屋城を記録せよ！　名古屋城百科「金城温古録」の誕生』名古屋市博物館、二〇〇八年
『名古屋叢書続編　第九～十二巻　鸚鵡籠中記（一）～（四）』名古屋市教委、一九六五～六九年

❖第3章

各務賢司『錦織綱場　木曽川筏流送の歴史』八百津町教委・錦織綱場保存会、二〇〇八年
加子母村文化財保護委員会『加子母の歴史と伝承』加子母村教委、一九八三年
城戸久『名古屋城雑記』名古屋城振興協会、一九九四年
所三男『近世林業史の研究』吉川弘文館、一九八〇年
林董一『尾張藩漫筆』名古屋大学出版会、一九八九年
平田利夫ら『木曽ひのき』林土連研究社、一九九七年
山田秋衛『特別史籍　名古屋城』名古屋城振興協会、一九六六年
『桴《いかだ》』日本いかだ史研究会、一九七九年
『木曽式伐木運材図会』財団法人林野弘済会長野支部、一九七五年
『材摠三百年史』材摠木材株式会社、一九九一年
『第十回木の建築フォラム／木曽』ＮＰＯ木の建築フォラム・木曽官材市売協同組合、二〇〇七年
『名古屋木材組合百周年記念誌　二十一世紀への年輪』名古屋木材組合、一九八四年
『名古屋営林支局開庁百周年記念出版　一世紀の年輪』林野弘済会名古屋支部、一九九一年

❖第4章

井上章一『名古屋と金シャチ』NTT出版、二〇〇五年
梶山勝『戦時下の文化財保護』（『名古屋市博物館研究紀要　第三十二巻』二〇〇九年所収）
城戸久『名古屋城』彰国社、一九四三年
下村冨士夫『名古屋城とドイツ公使』（『郷土文化　第六巻四号』一九五一年所収）
豊田市文化財保護審議会編『豊田の史跡と文化財』豊田市教委、一九八五年
名古屋城管理事務所編『よみがえる輝き　名古屋城本丸御殿障壁画復元模写』名古屋城本丸御殿PRイベント実行委、二〇〇九年
橋本政次『姫路城史（下）』名著出版、一九七三年
松木寛『御用絵師　狩野家の血と力』講談社、一九九四年
M・V・ブラント『ドイツ公使の見た明治維新』新人物往来社、一九八七年
安村敏信『江戸の絵師「暮らしと稼ぎ」』小学館、二〇〇八年
安村敏信『狩野探幽』新潮社、一九九八年
『懐古国宝名古屋城』財団法人名古屋城振興協会、二〇〇〇年
『史話　名古屋城と城下町』水谷盛光、一九七九年
『瑞巌寺・観瀾亭　障壁画の保存修理と復元模写』瑞巌寺、二〇〇五年
『名古屋城本丸御殿障壁画集』名古屋市、一九九〇年
『失われた国宝　名古屋城本丸御殿』名古屋城特別展開催委、二〇〇八年
『本丸御殿の至宝　重要文化財名古屋城障壁画』名古屋城本丸御殿PRイベント実行委、二〇〇七年

❖第5章

内堀信雄ら編『守護所と戦国城下町』高志書院、二〇〇六年
北見昌朗『織田信長の経営塾』幻冬舎、二〇〇七年
慶七松（若松実訳）『海槎録』日朝協会愛知県連、一九八五年
滋賀県立安土城考古博物館編『信長の城・秀吉の城』サンライズ出版、二〇〇七年
内藤昌『復元安土城』講談社、二〇〇六年
中村栄孝『清洲城と名古屋城』吉川弘文館、一九七一年
半田実『猿猴庵も見た清須花火』（『愛知県史研究第三号』一九九九年所収）
渡辺武『大阪城秘ストリー』東方出版、一九九六年
『清須　織豊期の城と都市』東海埋蔵文化財研究会、一九八九年
『名古屋市博物館資料叢書三　絵本清洲川・続梵天錦』名古屋市博物館、二〇〇二年

おわりに

二〇一一年三月十一日午後二時四十六分、三陸沖の太平洋を震源とするマグニチュード九・〇の巨大地震が発生して、日本列島を激しく揺らし、高さ十メートルを超える津波が、東北地方の海岸線を襲った。発生から一週間目の十八日には死者が六千九百十一人となり、一九九五年一月十七日に発生した阪神大震災の六千四百三十四人を超えた。その後も、毎日、数百人単位で増え、二十五日には一万人を超えた。

名古屋でもテレビの「緊急地震速報」の直後に地震波が到達し、私がいた新聞社のビルはゆっくりと、何度も揺れた。間もなくテレビは、家々を飲み込む津波を映し出した。すでに本書の原稿は出版社に出し終えていたが、原稿でもふれている宝永地震が思い起こされた。朝日文左衛門が日記『鸚鵡《おうむ》籠中記《ろうちゅうき》』に記した三百年前の巨大地震のことである。震源域は異なるが、ともに海溝型地震で、津波をともない、多くの被害を出している。宝永地震はその被害の範囲や規模からマグニチュード八・六と推定され、今回の東日本大震災までは、有史以来、日本最大級の地震とされてきた。

文左衛門の日記で不思議に思っていたことがある。名古屋城下では死者がゼロとしていたことだ。阪神大震災のように家屋がつぶれ、多くの圧死者を出す事態にならなかったのはなぜなのか。その謎の答えが今回の地震でわかった。地震波の持つ周期の違いによって、震度の割に木造建物の倒壊が少なく、ひたすら津波が甚大な被害をもたらすこともあるのだ。名古屋の城下町が台地上に造られ、地震の揺れに比較的強かったこともあるだろう。

一方、文左衛門は知多半島や熊野、尾鷲をはじめ全国各地の津波被害にも触れている。当時、海に面していた熱田宿でも「津波が来る」と大騒ぎになった。潮位の上昇はあったが、被害を出すような津波は結局、来なかった。伊勢湾内では、木曽三川河口部の長島輪中には襲来しているのに、なぜ湾奥の熱田には来なかったのか。次の地震でも安心していいことなのか。日記は当時の貴重な事実を教えてくれるとともに、新たな謎もまた投げかけてくる。

現代を学ぶ契機となったのは、文左衛門の日記だけではない。徳川宗春のパフォーマンスを知って、三百年を経た現代の名古屋城主、河村たかし名古屋市長のパフォーマンスとの類似に驚いたものだ。

最後に、新聞連載時から取材でたびたびお世話になった林董一・愛知学院大名誉教授に、「連載を本にまとめなさい」と勧めていただいたことが、出版に踏み切る勇気となった。改めて感謝の言葉を伝えたい。

二〇一一年四月五日

読売新聞中部支社専門委員　千田龍彦

［著者紹介］
千田龍彦（せんだ・たつひこ）
1952年、岐阜県生まれ。早稲田大政治経済学部卒業。中部読売新聞社（現・読売新聞中部支社）入社。中部支社社会部次長、同経済部長を経て、2006年から同専門委員。共著に『トヨタ伝』『いとしの介助犬アトム』『オンリーワンに生きる 野依良治教授・ノーベル賞への道』など。

装幀／夫馬デザイン事務所

尾張なごや傑物伝――宗春がいた、朝日文左衛門がいた

2011年7月29日　第1刷発行　（定価はカバーに表示してあります）

著　者　　千田　龍彦
発行者　　山口　章

発行所　名古屋市中区上前津2-9-14　久野ビル
振替 00880-5-5616 電話 052-331-0008
http://www.fubaisha.com/
風媒社

乱丁・落丁本はお取り替えいたします。
＊印刷・製本／モリモト印刷
ISBN978-4-8331-0554-5

長屋良行 編著

東海 戦国武将ウオーキング

戦乱の世を駆け抜けた武人たちの生き様を追って、歴史ロマンの地へいざ、タイムスリップ！ 筋金入りの戦国好きの著者たちがナビゲートする東海地方ゆかりの戦国武将の足跡をたどるガイドブック。

一五〇〇円＋税

中井 均 編著

東海の城下町を歩く

織田信長・豊臣秀吉・徳川家康の誕生地であり、彼らを支えた数多くの武将の出身地でもある東海地方。この地域には江戸時代に多くの城下町が栄えた。今もそこかしこに残る城下町時代の歴史と風土を訪ねる。

一五〇〇円＋税